DON GIOVANNI

PIERRE-JEAN REMY

DON GIOVANNI

MOZART · LOSEY

Albin Michel

22, rue Huyghens, 75014 Paris

ISBN 2-226-00880-2

Pour Edith

Sommaire

Une manière d'ouverture ...

LA brume lentement se lève : tard dans la nuit, tôt à l'aube, le dernier éclair a zébré le ciel. Sur la place de la Basilique, à Vicence, la pluie qui tombait sans désemparer depuis la veille a bien fini par laver les dernières traces de sang qui maculaient les grandes dalles de pierre. Lavé le sang, oubliés le cauchemar et l'orage. La somptueuse architecture de galeries et de trois rangs de loges, les statues dressées au sommet de la balustrade comme des témoins impassibles, dominent le théâtre désert. Une dernière flaque reflète un morceau de ciel : maintenant, c'est le matin et le soleil commence enfin à percer les nuages. Nous voici d'ailleurs déjà transportés en une campagne de très jeune automne. Vapeurs, gaze, rideaux opalescents : les voiles, un à un, s'écartent dans la lumière la plus claire qui se puisse imaginer, et ce sont de grandes prairies vertes qui se découvrent à nos yeux, rasées par le soleil. Ou des collines posées côte à côte avec, entre elles, de vertigineuses vallées, à peine en contrebas pourtant, que le brouillard encore emplit : là, c'est toujours le règne de l'aube qui ne se décide pas à devenir matin ; mais ici, en haut, c'est déjà la fraîcheur mouillée, éblouissante, de ces collines d'après la pluie. Plus haut encore, un ciel soudain très bleu.

La journée sera belle...

Posée au sommet de cette colline où nous nous trouvons, la maison orientée par un architecte géomètre et magicien ouvre ses quatre portes. Elle a aussi quatre perrons, quatre colonnades, et les quatre portes, les quatre colonnades, les quatre perrons convergent vers une unique salle centrale surmontée d'une coupole où des fresques jouent la comédie du désir et du supplice. Mais ces peintures et la coupole même, nous ne les voyons pas : nous sommes dehors, au pied du chemin bordé de hauts murs et de statues de pierre, qui conduit à la prairie. Et la villa qui s'élève en son milieu est la villa Rotonda, construite par Andrea Palladio aux environs de 1551 pour un certain Paolo Almerico qui, dès 1553, y reçut la belle Lucrèce de Gonzague, dans un déploiement de fastes et de feux d'artifice comme seuls les princes, les condottieri et les banquiers de la Renaissance pouvaient les imaginer et surtout les payer.

Mais en ce matin d'après la mort et d'après la pluie, la Rotonda est aujourd'hui la maison de Don Juan. Et Don Juan lui-même — ici Ruggero Raimondi — y sourit de son sourire d'acier. Fauve, carnivore — loup, tout simplement — aux aguets, il y attend sa proie. A l'intérieur, ce seront les salons, les tentures, les boiseries, le lit enfin, aux couvertures de tissus précieux, soies, fourrures, où elle succombera. Mais pour le moment, vêtu de soie blanche écrue — un costume de campagne —, le gentilhomme qui flatte l'encolure de ses hauts chiens dont on devine sourdement qu'ils peuvent être aussi féroces que leur maître, cherche à deviner laquelle de ces villageoises ou femmes de chambre, de ces dames de ville ou comtesses, baronnes, marquises ou princesses, assouvira dans l'instant qui va suivre la passion qui le tenaille. La fringale. La soif et la faim.

Il regarde et attend.

Cependant que derrière lui — il ne se retournera jamais ! — il y a le brasier tout prêt qui l'attend lui, les flammes qui montent, l'enfer de ceux qui meurent.

Mais Don Juan, debout devant la villa Rotonda, près de Vicence, sourit et ne regarde pas par-des-

sus son épaule. Tandis que s'élèvent les premières mesures — clarinettes, bassons, cors et le jeu des cordes — qui viendront marquer l'air d'entrée de celle qu'il croit sa prochaine victime, une femme en blanc, presque éthérée, pathétique et voilée, chante son désespoir en une longue plainte deux fois répétée : « *Ah ! chi mi dice mai ! !* » « Ah ! Qui me dira jamais... » Il sourit toujours, Don Juan, mais ne répond pas. Et pourtant, il a senti glisser dans l'air ce parfum qui le tue, cette ivresse, cet alcool trop fort dont jamais il ne se lassera, jusqu'à ce que la mort, enfin, le rattrape : l'*odor di femmina !*

L'Occident chrétien n'a pas engendré plus de trois ou quatre mythes capables de prendre place aux côtés de ceux d'Œdipe ou d'Ariane, d'Orphée ou d'Ulysse, dans le catalogue ambigu de nos plus secrètes hantises : Faust, sûrement, Hamlet et Tristan, peut-être, et Don Juan, bien sûr. Mais le mythe de Don Juan est probablement le plus évocateur. Celui pour qui chacun de nous possède au fond de lui son image toute faite, ses thèmes et ses stéréotypes. Une clef bonne à ouvrir la serrure de nos secrets fantasmes ou la porte ouverte à nos rêves les plus débridés. On dit : « C'est un Don Juan », on ne dit pas : « C'est un Faust ou un Hamlet ! » Quoi d'étonnant, dès lors, à l'extraordinaire fortune théâtrale et opératique du mythe de Don Juan au cours de ces trois cents dernières années ? Et quoi d'étonnant aussi à ce que le *Don Juan* de Mozart soit peut-être l'un des opéras les plus populaires du monde ? Ou — nuance ! on y reviendra... — l'un des plus célèbres.

C'est que le mythe quasi universel — notre univers à nous... — de Don Juan est multiplié ici par la musique de Mozart qui lui donne son ampleur inégalée. Mozart et son propre mythe, les clichés, les idées toutes faites, vraies ou fausses que, lui-même, revisité sans cesse à la lumière de nos rêveurs et nostalgiques abandons, a fait naître. De l'enfant prodige, rose et blanc, en perruque poudrée, qui jouait sagement du piano à Paris et à Prague, Vienne ou Londres (« Aimez-moi », disait-il, et nos cœurs sensibles de fondre en larmes...), au jeune malade dévoré par la fièvre et visité par un homme en noir qui lui commande un Requiem sur son lit de mort, en passant par l'auteur de lettres d'une incroyable scatologie adressées à une petite cousine au visage de harengère : il est large, l'éventail des références auxquelles nous nous accrochons comme aux moments les plus évidents d'une mémoire universelle. Mozart et son père, Mozart et la belle Aloyse, Mozart et la fougueuse Nancy Storace... Ces visages, profils de papier découpé, qui passent et, tout à la fin, le lit de bois dans la chambre nue aux murs blancs. Le petit chien de la gravure qui suivra le cercueil.

Mozart, donc. Lorsque, au commencement de 1787, Mozart a demandé à Lorenzo Da Ponte, qui avait déjà adapté pour lui *Les Noces de Figaro,* de lui écrire un second livret d'opéra pour le théâtre de Prague — où *Figaro* avait connu un triomphe après son échec devant les cabales viennoises —, l'abbé libertin qui faisait figure de maître à vous trousser des vers pour compositeurs en peine d'idées n'a pas sorti *Don Juan* comme cela, tout vivant et tout neuf, des replis intimes de sa soutane.

L'histoire même de *Don Juan* — la pièce et le mythe — constitue un tissu si serré d'emprunts et d'interférences qu'on n'oserait tenter d'en démêler l'écheveau en quelques lignes. Soyons, cependant, téméraire...

A l'origine, il y a une légende et un mythe, une idée qui traîne dans l'air de l'Espagne de la Contre-Réforme. C'est le thème du libertin puni, du débauché qui va si loin sur le chemin du péché — de femme en femme, on voyage si bien... — qu'il finit par en périr, victime tout à la fois de son audace et des foudres de Dieu. Une sorte de croyance populaire, en somme, dont Tirso de Molina, le premier, a fait en 1630 une pièce. Mais avant même que la pièce

de Tirso de Molina vît le jour, il y avait eu en Espagne des poèmes, des romances — dont un *Cycle du Galant* découvert dans les montagnes de Burgos — qui racontaient l'histoire de ce mécréant, devenu l'archétype du péché. Qu'un vrai Don Juan ait d'ailleurs existé — même si ses aventures ont peut-être été bien loin de celles qu'on lui a prêtées — semble aujourd'hui ne plus faire aucun doute. On trouve au moins deux Don Juan Tenorio dans les archives de la vieille Espagne. L'un, notamment, qui fut décapité en 1367 à Séville, sur ordre du roi ; un autre encore, *comendador de Estepa,* chevalier de Saint-Jacques et favori de Pierre le Cruel. D'eux, pourtant, nous ne savons que peu de chose. L'histoire, les documents, nous ont gardé un nom.

C'est ce nom auquel Tirso de Molina a donné vie. Au-delà de son existence baroque et sombre ; longues échappées fuligineuses à la Greco, le *Don Juan Tenorio ou le Burlador de Séville* de Tirso contient déjà en germe tout ce qu'on retrouvera chez Mozart et Da Ponte : le personnage de Don Juan bien sûr, mais aussi le Commandeur qu'il assassine et dont la statue reviendra (convive de pierre) punir le mécréant ; et Anna qu'il viole, et Ottavio son amant, et un valet peureux : chez Tirso de Molina, on a bien affaire au mythe dans sa plus totale pureté et sa première expression tragique. Don Juan, le débauché qui court de femme en femme, va si loin dans ses fautes que Dieu le foudroie. L'idée — et la pièce — auront un tel retentissement qu'il se trouvera même dans la vraie vie un gentilhomme pour vivre en Don Juan de théâtre et mourir en saint. Ce sera Miguel Manara dont Milosz a fait une pièce ; ainsi, le théâtre a débouché sur la vie.

Très vite, pourtant, après Tirso de Molina, le personnage de Don Juan a évolué. En Italie, sous la plume d'écrivains bien oubliés, il est devenu dès le milieu du XVIIe siècle (les Giliberti et autres Cigogni) le héros de bouffonneries qui préfigurent déjà le clin d'œil d'où naît le *dramma giocoso* — et l'opéra bouffe aussi ! — de Mozart. Cependant qu'en France, après être également passé entre de multiples mains (Dorimon, Villiers), Don Juan a rencontré Molière pour trouver en 1665 son deuxième costume de scène : celui du libertin blasphémateur qui défie Dieu. Chez Tirso, le défi était le péché, chez Molière il y a volonté d'agression à l'endroit de toutes les institutions, dont celle de Dieu. Même s'il est « méchant », le Don Juan de Molière illustre dès lors toute la volonté d'un humanisme tendu qui répond *non* à Dieu. Et Sganarelle — le Leporello de Mozart que Molière jouait lui-même à la scène — tient face à lui le langage moralisateur imposé par le siècle.

A partir de là, toute l'histoire du mythe oscillera entre ces deux traditions, même si l'aspect raisonneur du personnage de Molière finit par peu à peu s'effacer devant une réinterprétation romantique de la vision du débauché perdu qui, à la lumière d'Hoffmann et de ses successeurs — Hoffmann, le grand Hoffmann des *Contes* pour qui Don Juan et sa victime, Anna, constituent les deux pôles d'une même passion —, devient l'angoissé terrifié par sa propre solitude face à chaque femme.

Mais, pour arriver à Don Juan selon Mozart, il ne fait pas de doute que tout au long des quelque cent années qui le précèdent, les mythes géniaux de Tirso de Molina et de Molière se sont affadis. D'abord, le siècle des Lumières ne pouvait que sourire du surnaturel de la conclusion — l'apparition d'un fantôme vengeur dont la main est celle de Dieu — et les gens de théâtre attentifs à leur art ont ainsi fini par abandonner une telle « farce » au peuple. On préférait faire pleurer *Mérope* et disserter à l'infini sur *les Scythes* ou *le Triumvirat, Zayde, Zaïre* et autres *Zénobies*. C'est donc le théâtre de la Foire, théâtre populaire par excellence, qui s'est emparé du personnage et en a fait ses beaux jours. De même, et en Italie tout particulièrement, on n'a retenu du drame que son aspect « grotesque » (le valet peureux, les paysannes séduites) pour tirer le sujet du côté de la comédie pure et de l'opéra bouffe. Si bien que jusqu'à ce que Da Ponte reprenne l'argument à son compte, celui-ci a connu une fortune considérable mais a perdu à peu près tout son sérieux. Il n'est jusqu'à Goldoni qui produira un *Don Juan,* puis qui se moquera lui-même, dans une pièce ultérieure, des mésaventures de son séducteur ! Don Juan traîne donc un peu partout entre les tréteaux du Pont-Neuf et la commedia dell'arte, Sganarelle devient Arlequin et le tour est joué.

Lorsqu'en quête d'un sujet, Da Ponte va proposer Don Juan à Mozart, le séducteur foudroyé a donc cessé d'être pris au sérieux par les spectateurs sérieux. Et pourtant, en 1787, un certain Bertati vient de lui redonner vie, à Venise, pour servir de héros à un opéra d'un autre oublié, Gazzaniga. Ce faisant, ce Bertati — qui était plus qu'un habile faiseur — s'est approprié les éléments essentiels de la pièce de Tirso de Molina pour les replacer dans un cadre « moderne », mêlant intelligemment la tradition « espagnole » et la farce à l'« italienne ». (On remarquera au passage que le Don Juan cyniquement athée de Molière reste toujours entre parenthèses.)

Il est vraisemblable que Mozart n'a pas entendu l'opéra de Gazzaniga, et que celui-ci n'a pas été donné avant 1787 hors d'Italie. Mais le cher abbé Da Ponte, lui, a bien lu le livret de Bertati. Et, pressé de fournir de la copie à Mozart, il s'en est largement inspiré.

Seulement, le génie de Lorenzo Da Ponte aura été de rétablir dans l'histoire un peu simplette — et un peu courte : un acte seulement ! — de Bertati tout ce que celui-ci avait négligé des précédents *Don Juan.* Retrouvant à la fois Goldoni, mais aussi Molière et, au-delà, Tirso de Molina, Da Ponte va accomplir sur le schéma d'un obscur librettiste italien un travail somme toute parallèle à celui qu'il a réalisé auparavant à partir de la pièce de Beaumarchais pour en tirer *les Noces de Figaro* : il élimine et ajoute, coule les différents personnages dans un moule, celui que lui demande Mozart. Ici, il faut un sextuor, là, modifier un duo : Da Ponte travaille à façon. Et un nouveau *Don Juan* naît : c'est aujourd'hui celui par lequel le mythe existe et dont tous les critiques, romantiques, psychanalystes et autres, se sont emparés avec une belle allégresse.

L'histoire même — le scénario ! — du *Don Juan* de Mozart est très simple. Au début du premier acte, Don Juan a séduit Anna, fille d'un certain Commandeur, et il fuit dans la nuit. Le Commandeur le rattrape et le somme de se battre. Don Juan refuse d'abord, puis dégaine et tue le Commandeur, sous le regard affolé de son valet Leporello. Presque toutes les pièces ou les opéras qui racontent Don Juan s'ouvrent ainsi sur la mort du Commandeur.

Tandis qu'Anna pleure son père et reçoit les consolations de son fiancé, le pâle Ottavio qui jure de l'assister dans sa vengeance, Don Juan, insatiable, court vers de nouvelles aventures. Et tout de suite, c'est la farce. Il commence ainsi par rencontrer une belle inconnue, à qui il fait la cour, pour découvrir qu'elle n'est autre que sa propre épouse, Elvire, venue le relancer ! Il l'abandonne à son valet, qui va se moquer d'elle bassement, et part lui-même chercher ailleurs une autre bonne fortune. Qu'il trouve sur-le-champ en la personne de Zerline, jeune paysanne qui célèbre le jour même ses noces avec un paysan, Masetto. Pour mieux posséder Zerline, Don Juan propose d'organiser une fête, il écarte Masetto et entraîne Zerline chez lui, allant jusqu'à lui proposer le mariage. Mais au moment où la petite paysanne va succomber, intervient Elvire qui arrache au tentateur sa proie, puis révèle à Anna et Ottavio — rencontrés comme par hasard — que son mari est un imposteur. Don Juan cherche alors à la faire passer pour folle, mais Anna — qui, dans un premier temps, avait demandé à Don Juan de l'aider lui aussi à venger son père ! — se rend compte avec horreur qu'elle a

affaire à l'assassin qu'elle recherche. Pour éviter le pire, Don Juan, prudent, se retire. Cependant, la fête qu'il a projetée commence. Trois personnages masqués s'y font inviter et Don Juan tente une nouvelle fois d'abuser de Zerline. Aux cris de celle-ci, les masques se découvrent : il s'agit d'Anna, d'Elvire et d'Ottavio qui réclament vengeance. Masetto et les paysannes se joignent à eux et Don Juan prend, cette fois, la fuite : fin du premier acte.

A l'exception du duel initial — qui n'est en rien un assassinat, soulignons-le — ce résumé plus que succinct pourrait être celui de n'importe quelle pièce de théâtre bouffe : masques et cocus en puissance, valets pleutres et fausses ingénues.

Le deuxième acte commence sur le même ton — voire dans une couleur plus outrée encore. Don Juan fuit, soit, mais il musarde en route. Et il ne trouve rien de mieux à faire que de vouloir chanter une sérénade... à la servante d'Elvire ! Il persuade donc Leporello de changer de costume avec lui et, l'un se faisant passer pour l'autre, Leporello « séduit » Elvire et Don Juan la camériste. L'imbroglio arrive à son point culminant lorsque Don Juan affronte Masetto qui le poursuit : il feint d'être Leporello pour le bastonner allégrement, tandis que Leporello se fait presque rosser sous la cape de Don Juan et ne s'échappe qu'en révélant sa véritable identité, à la grande humiliation d'Elvire qui s'est crue dans les bras de son époux retrouvé quand elle n'était que dans ceux d'un coquin.

Ce long intermède achevé, l'œuvre reprend alors son cours initial et Don Juan, toujours en fuite, se réfugie dans un cimetière où s'élève une statue : c'est le monument funéraire du Commandeur. Par bravade, et devant un Leporello épouvanté, Don Juan invite la statue à souper et la statue accepte. Le finale de l'opéra sera donc le « festin de pierre », le dîner au cours duquel l'hôte infernal — ou divin — de Don Juan l'adjure de se repentir puis, devant son refus, l'entraîne aux enfers. Le rideau tombe sur une scène fort « classique » où tous les protagonistes encore vivants chantent ensemble leurs sentiments respectifs.

Cette trame suit en fait d'assez près la plupart des pièces ou des livrets écrits auparavant sur le sujet. D'une histoire à l'autre, les personnages ont seulement évolué, tel d'entre eux perdant de l'importance, tel autre en gagnant au contraire. Des analystes scrupuleux ont ainsi souligné comment Elvire s'appelle Isabelle chez Goldoni et comment chez Shadwell — auteur anglais pour qui Purcell en personne a écrit une musique de scène — elle y porte le travesti. L'un des aspects essentiels — et parfois contesté — de l'apport de Da Ponte et de Mozart au « scénario » original est constitué par le jeu des doubles Leporello-Don Juan qui occupe toute la première partie du deuxième acte. De même, le rôle d'Anna a été largement développé par Da Ponte et par Mozart lui-même. Mais quelles que soient les données précises de l'histoire, elle n'en reste pas moins susceptible du plus léger, du plus bouffon des traitements. Ce sera tout le génie de Mozart de faire ressortir des abîmes héroï-comiques où il était tombé un mythe moribond, et de lui donner en une soirée valeur universelle.

D'abord — et sans vouloir exagérer les circonstances qu'on aurait quand même tort de qualifier d'anecdotiques de la composition de *Don Juan* — la création de l'œuvre s'inscrit dans une période particulièrement noire de la vie de Mozart, qui donne à l'opéra ses couleurs parfois terribles. Mozart a alors trente et un ans et sent s'effondrer autour de lui le monde de ceux qu'il aime. Entre la création des *Noces de Figaro,* au printemps 1786, et celle de *Don Juan* le 29 octobre 1787, il perd son plus jeune fils, son ami très proche, le comte Hatzfeld, et son père enfin, le 28 mai 1787. En outre, son grand amour — quel amour ? —, la chanteuse Nancy Storace, a décidé de quitter Vienne, ce qui achève de lui briser le cœur, et *Les Noces* elles-mêmes ont reçu un accueil catastrophique à Vienne.

Il est vrai que le fantastique succès de l'opéra à Prague où il a été donné quelques mois plus tard (janvier 1787) lui apporte, malgré tout, une belle consolation. Et c'est pour Prague même qu'il va donc écrire *Don Juan.* Jusque-là — et pour ne pas remonter aux œuvres de jeunesse — sa première réussite absolue dans le domaine du théâtre a été *Idoménée* en 1781 ; *Idoménée,* ou l'aboutissement de toute la tradition de *l'opera seria* italien. Le point culminant d'un genre parfaitement rodé, avec ses codes, sa grammaire, où les morceaux — récitatifs, airs, ensembles — alternent avec une rigueur absolue. En 1783, Mozart a abordé avec un égal bonheur un genre diamétralement opposé, le *Singspiel,* la comédie musicale et parlée allemande, avec *L'Enlèvement au sérail.* Enfin, après un premier essai infructueux, il a inauguré sa collaboration avec l'abbé Da Ponte par *Les Noces. Les Noces,* c'est l'éclatement des genres, le mélange de l'opéra bouffe traditionnel avec des éléments d'un tragique emprunté à *l'opera seria,* mais sublimé, rendu contemporain, chaleureux, vivant, hors de tous les moules et de tous les clichés. L'entente entre Da Ponte et Mozart a certes été loin d'être parfaite. Da Ponte est un dilettante suroccupé — la petite histoire veut qu'il ait travaillé sur trois livrets à la fois au moment de *Don Juan,* dont un texte pour Salieri, le rival direct, selon certains, de Mozart ; voire son assassin, selon d'autres qui ont voulu fabriquer une légende — et c'est aussi, son autobiographie nous le prouvera, un hâbleur soucieux de jouer les Casanova (dont il est d'ailleurs l'ami très fidèle). Mais il aura quand même, qu'on le veuille ou non, le génie de nous laisser trois des plus parfaits livrets de l'histoire de l'opéra.

Tout en s'activant à *Don Juan,* Mozart travaille d'ailleurs de son côté sur d'autres œuvres — dont les sublimes quintettes à cordes en *ut* et en *sol* mineur (K 515 et 516) — mais il mène lui-même les répétitions de l'œuvre, et la petite (mais aussi probablement la grande) histoire veut qu'il en ait composé l'ouverture pendant la nuit qui a précédé la première. Et celle-ci, le 29 octobre, est un triomphe. « *Evviva Da Ponte, evviva Mozart !* » écrit avec passion Guardazoni, associé de Bondini à la tête de l'opéra de Prague. Le premier Don Juan, le jeune Luigi Bassi — il n'a que vingt-deux ans —, reçoit un accueil particulièrement chaleureux. On a longtemps parlé aussi de la beauté de la première Anna, Teresa Saporiti, âgée seulement de vingt-quatre ans et dont un médaillon nous a précieusement gardé l'image. Et l'on se prend soudain à rêver de la jeunesse, de l'enthousiasme de ces créateurs qui inventaient d'un coup un chef-d'œuvre. Mais le 7 mai 1788, au Burgtheater de Vienne, ce sera de nouveau — et comme pour *Les Noces* — un échec. Vienne boude toujours le théâtre de Mozart. *Don Juan* y sera

donné quinze fois au cours de l'année 1788. Mozart touchera son cachet de 225 florins (contre 100 à Da Ponte... quand même !) et, malgré quelques changements substantiels dans la partition, l'œuvre sera retirée de l'affiche pour ne plus être donnée en Autriche que de manière épisodique jusqu'à la fin du XVIIIe siècle. C'est l'empereur Joseph II lui-même qui aurait déclaré : « L'opéra est divin, peut-être encore plus beau que *Les Noces,* mais ce n'est pas une chère pour le palais de *mes* Viennois ! » Nous soulignons *mes* Viennois... D'ailleurs, et fort curieusement, alors qu'aujourd'hui chacun considère *Don Juan* comme l'un des chefs-d'œuvre absolus de la musique de tous les temps, alors que le mythe de Don Juan semble avoir trouvé ses vraies racines dans le personnage *théâtral* de Mozart, il existe encore aujourd'hui beaucoup de critiques pour souligner ce qu'ils appellent les défauts de construction de l'œuvre, voire son caractère « boiteux ». Boiteux, *Don Juan ?* D'autres haussent les épaules : ce n'est, après tout, qu'un opéra bouffe ! C'est notamment la thèse que soutient le plus sérieusement du monde un E. Dont dans son ouvrage — un classique ! — sur les opéras de Mozart. La musique, oui ; le reste, non ! Disons tout de suite que rares sont les actions dramatiques qui se révèlent aussi cohérentes, pour peu qu'on veuille comprendre les raisons des digressions et des moments de réflexion que Mozart accorde à ses personnages sur le trajet jalonné par Da Ponte de la mort à la mort.

Combien de mises en scène de *Don Juan* depuis sa création ? Paraphrasant Leporello dans l'air célèbre du Catalogue où le valet énumère à l'épouse les conquêtes du maître, on serait tenté de dire une centaine en France, deux cents et une en Allemagne, mais mille et trois ailleurs. Les chefs d'orchestre les plus prestigieux, des metteurs en scène hors pair s'y sont attaqués — pour ne pas énumérer tous les chanteurs

dont la voix nous parvient parfois encore des fabuleux crissements embrumés des premiers jours du disque, voire du cylindre ; l'histoire de *Don Juan* à l'opéra, c'est déjà aussi une légende.

Don Juan opéra, ou une autre histoire de l'œuvre à écrire. Ce serait un récit amoureux en filigrane duquel nous retrouverions toutes les voix aimées, les visages, du cri d'amour d'une Schwarzkopf blessée aux murmures enjôleurs d'un Mariano Stabile qui dit « *La ci darem* » comme nul autre, après lui, ne l'a fait... Aussi, qu'un Rolf Liebermann, compositeur suisse, directeur pendant tant d'années de l'opéra de Hambourg puis, depuis 1973, prestigieux administrateur général de l'Opéra de Paris, et qu'une maison de production de films associée à une firme de disques aient eu envie de faire de *Don Juan* le premier véritable film d'opéra de l'histoire du cinéma et de l'histoire de l'opéra, n'est que la suite logique de cette histoire-là.

Le choix de Losey pouvait d'entrée de jeu surprendre. On aurait pu penser à Visconti — mais Visconti est mort ; ou à Zeffirelli — mais ç'aurait été autre chose. Patrice Chéreau ? On y avait songé, un moment. Mais Joseph Losey était là. Joseph Losey, l'un des quelques très grands noms du cinéma mondial d'aujourd'hui, l'auteur d'*Accident* et du *Messager,* du *Servant,* bien sûr, mais aussi celui d'*Eva* et de ses brunes Vénitiennes, des *Criminels* et de la désespérance d'une Angleterre terre d'asile sans pitié et, plus loin encore, de quelques films magiques, *Le Garçon aux cheveux verts* et *The Lawless, The Prowler* (Le Rôdeur) ou, à l'autre extrémité de cet éventail généreusement ouvert, l'éclatant, le théâtral *Boom !* que Maria Callas elle-même aurait dû jouer. Joseph Losey, ou le regard de l'Amérique antimaccarthyste posé sur la vieille Europe. Tendre et sans complaisance. Il hume, il sent et devine, il raconte, il dit. Joseph Losey a su parler de la douleur des sans-patrie comme de l'horreur de tous les racismes, mais un Joseph Losey formé à l'école de Brecht et ami de

Maria Callas. Un Losey qui n'a *rien lu* sur *Don Juan* et qui n'a pas mis les pieds à l'opéra depuis vingt ans. Mais un Losey que le défi excite et terrifie — cette saine et superbe terreur devant l'œil nu de la caméra ou face à la page blanche : les mots, les images vont naître — et qui voit dans le mythe de Don Juan l'aboutissement de tant de questions qu'il a pu lui-même se poser. Losey, donc, qui relève le défi et qui, assisté, épaulé par Francis (Frantz) Salieri, qui a lui aussi ses idées sur *Don Juan,* ses thèmes, ses mécanismes et ses décors, va se jeter à cœur perdu dans l'aventure [1].

Il reste un nom à ajouter à ce générique déjà fabuleux : Mozart, Da Ponte, Liebermann, Maazel à la tête de l'orchestre de l'Opéra de Paris, Losey et Salieri. Celui de Palladio. Car l'idée — à qui revient-elle, cette idée ? — qui dominera toute la préparation et le tournage du film sera de se servir de décors naturels. Et pas de n'importe quels décors naturels ! Non : on aura seulement recours aux villas, palais, églises, théâtre, qu'a édifiés de 1540 à 1580 le grand Andrea Palladio dans toute la Vénétie. Et là, nous nous trouvons face à un autre mythe. Car Palladio en est bien un, qui a donné naissance à un style, le palladianisme, qui se perpétuera dans l'Europe entière — et même en Amérique — jusqu'au début du XIXe siècle. Beauté classique et simplicité, ordre, équilibre, mesure, dans une certaine mesure nudité, sont les épithètes qui viennent à l'idée lorsqu'on évoque Palladio. « L'architecture, comme tous les autres arts, étant une imitation de la nature, elle ne veut

1. Le hasard — mais le hasard est *toujours* innocent ! — veut que Francis Salieri ait pris pour pseudonyme le nom du compositeur dont la légende a toujours fait le rival de Mozart, celui-là même pour qui Da Ponte écrivait un livret en même temps qu'il travaillait sur celui de *Don Juan*. Rimsky-Korsakov a d'ailleurs composé un opéra sur ce thème en 1898, l'œuvre porte précisément le titre : *Mozart et Salieri*.

VIRTVTI AC GENIO
OLYMPICOR ACADEMIA THEATRVM HOC
A FVNDAMENTIS EREXIT

rien admettre qui soit ou contraire ou éloigné même de l'ordre que la nature a prescrit aux choses », a écrit Palladio au commencement de ses *Quatre Livres de l'Architecture* dont nous avons longuement feuilleté la belle traduction française de 1650, ses plans, ses coupes, ses élévations : en deux lignes, Palladio s'est défini lui-même. Et c'est à partir de ces quelque 330 pages de texte et surtout de planches qui sont une manière d'invitation à toutes les rêveries sur l'ordre, l'harmonie, l'équilibre — et l'art aussi du mieux-vivre — que tout un style est né. Dans l'Italie tout entière, en Angleterre où un lord Burlington l'imitera avec un fulgurant brio, en Russie, en France, on retrouve son influence. Mais la Maison Blanche de Washington elle-même, et les demeures coloniales de Williamsburg, en Virginie, sont, avec de nombreux avatars, les descendants plus ou moins directs de Palladio. Aux lignes contournées et aux somptueuses volutes de la Renaissance romaine, Palladio oppose une austérité néo-classique d'une inimaginable nouveauté pour l'époque, une répartition des masses où toute décoration devient superflue — et puis, pour parler plus simplement, quelques-unes des maisons de campagne, des villas, les plus voluptueusement belles du monde. Ces maisons vénétiennes nées de la volonté des grands de la République de Venise de se retrouver face à eux-mêmes lorsque, après la prise de Constantinople, toute une partie du commerce vers l'Orient leur fut interdite, ces marais asséchés, ces champs, ces cultures, ces seigneurs devenus gentilshommes fermiers et Palladio au premier rang de ceux qui devaient leur élever des demeures. « Véritablement, écrit toujours Palladio dans ses *Quatre Livres,* c'est une chose de grand éclat, et commode à un gentilhomme d'avoir quelque belle maison dans la ville, où il est obligé de résider, soit pour l'administration de la République ou pour vaquer à ses affaires particulières ; mais peut-être n'y a-t-il pas moins de satisfaction en celles de la campagne, où on peut passer une bonne partie du temps, à s'occuper du ménage, et à jouir de ses possessions, à les embellir et les cultiver avec un soin agréable et divertissant. Outre l'exercice et les promenades que l'on y fait ordinairement pour conserver sa santé, et pour se mettre l'esprit en repos, après le tracas et la confusion des villes, et se donner par même moyen le plaisir ou de l'étude... à l'exemple de ces sages de l'Antiquité qui, pour goûter la vie tranquille qu'ils appelaient bienheureuse, se retiraient bien souvent en des lieux semblables, ornés de jardins, de fontaines, de belles maisons, et d'autres divertissements, mais surtout de leur vertu, et recevaient là des visites continuelles de leurs amis et de leurs parents. » D'où ces plans rigoureux, ces logis carrés qui commandent des galeries couvertes, des pavillons, des ailes de part et d'autre de cours d'où la vue embrasse toute la campagne. Demeures du rêve où l'esprit de géométrie donne à la poésie de la pierre son empreinte inimitable. La Miga, Melodo, Liziera, Ghizzole : celles dont

la trace demeure parfois seulement dans le livre qui devient lentement une sorte de bréviaire de la beauté des lieux, du confort des sites. Et puis les autres, les fameuses. On a longtemps rêvé sous les saules de la Malcontenta, à quelques kilomètres de Venise, sur les bords du fleuve Brenta qui ne charrie plus aujourd'hui que rats crevés et bouteilles de plastique vides dans une odeur d'ammoniac et d'œufs pourris. Mais quels superbes vaisseaux remontaient jadis son cours serein tandis que les patriciens de la Sérénissime République de Venise allaient, l'été venu, chercher un peu de fraîcheur dans les villas qui parsemaient ses berges. La Malcontenta, donc, et la Rotonda, bien sûr, sur laquelle on reviendra à loisir — elle sera la maison de Don Juan —, et puis aussi la villa Barbaro, à Maser, qui porte quelques-unes des plus belles fresques de Véronèse, ces femmes aux épaules nues à en mourir et ces chasseurs verts, ces servantes attentives qui entrouvrent pour nous des portes en trompe-l'œil vers de fulgurantes échappées au-delà de toutes les apparences [1].

Les villas de Palladio où Joseph Losey a filmé *Don Juan* ne sont pas seulement ces somptueuses et rigoureuses colonnades, ces coupoles orientées selon une géomancie magique, ces envolées de perrons qui semblent — chaussées de granit à la Rotonda, larges marches planes et solides à faire entrer un cheval au salon à la villa Emo — se répondre et s'adresser l'un à l'autre des défis. Les villas de Palladio, ce sont, dans le même temps, les plus ambiguës, les plus sensuelles fresques que le XVIe siècle — puis le XVIIe et le XVIIIe qui ont eux aussi apporté leur marque sur la

1. Francis Salieri note : « Ne serait-il pas intéressant de rapprocher la métaphysique palladienne (places surprenantes des éléments décoratifs, du vide de certaines surfaces *inutilement* percé des carrés noirs des fenêtres, etc.) de la métaphysique mozartienne (brisures des tonalités, apparitions surprenantes du mode mineur, rupture des conventions de l'aria, vocalises gracieuses de la douleur, interruptions dramatiques des ornements de la grâce, terrible vide des mesures de silence, etc). »

pierre de l'après-Renaissance — nous ait laissées. On a parlé de Véronèse, mais il y a tous les autres, les moins connus et la piétaille, pour qui un sein, une épaule ou même la cambrure pourtant voilée d'une hanche étaient déjà comme une invitation à tant de rêves obscurs. Que dire de la chevelure bleue d'une femme d'Asie selon Tiepolo ?

D'où notre émoi face à ces images ; d'où l'émoi de Don Juan, celui de Losey dont la caméra les frôlera, les caressera, ces corps nus à peine tendus d'étoffes pâles, comme son œil avide parcourra les salles lumineuses, les vues multipliées par d'autres vues que la Rotonda ou la villa Emo, la villa Caldogno, les sous-sols de la villa Poiana lui offriront. Et d'où l'admirable unité d'un paysage unique balayé dans son apparente diversité par un regard tour à tour serein ou violent : à l'épaule d'une femme qui attend répond la rigueur d'une corniche dépouillée, et la rondeur d'un visage à l'innocence bien feinte semble interroger très haut la balustrade d'une coupole. Tout n'est plus dès lors que gestes ébauchés, ondoiements, frémissements et superbe langueur : Don Juan n'a qu'à paraître, ses victimes sont là !

C'est donc dans ce cadre qui est déjà un décor que vont évoluer les chanteurs-acteurs choisis par Rolf Liebermann et Joseph Losey. Tous, c'est Francis Salieri qui les a vêtus et coiffés : une promenade dans les sous-sols de la Villa Rotonda pendant le tournage était d'ailleurs une manière d'excursion irréelle en un royaume de blanchisseuses, de repasseuses, de repriseuses et de coiffeuses. Le long des larges corridors blancs percés de portes en arceaux pendaient des linges et des voiles. Là, des cascades de jupons, ici des piles de jupes et de cotillons tandis que, sur des cintres, les robes de parade attendaient que vînt le moment pour Kiri Te Kanawa, Teresa Berganza ou Edda Moser d'entrer en scène. Longues traînes bleu de nuit, dès lors, manches de dentelle ouvertes comme des ailes d'oiseau clair, hauts cols, décolletés vertigineux. Et ces perruques improbables ! Larges coiffures aux décoiffés savants, cendres grises, cendres bleues, cendres blanches : visages d'autant plus ambigus qu'auréolés d'une gaze éthérée qu'on appelle pourtant perruque. A propos des costumes, Francis Salieri a souligné qu'il a essayé d'inventer une mode qui *aurait pu exister* et dont il n'a laissé apparaître que l'architecture dépouillée de tout ornement (dentelles, broderies, etc.). Des masses de matériaux plus ou moins précieux selon le rang et les sentiments, enfermées dans un réseau de lignes qui *signale* un volume dont la mémoire collective a gardé le souvenir. Glissant le long des dames qu'a dessinées sur un mur un maître oublié du XVIe siècle se dresse, une question aux lèvres avec sa musique, la silhouette émue de l'une ou l'autre des chanteuses dont la robe effleure la traîne de la femme peinte. Face à la silhouette sombre du héros du drame dont la violence tendue paraît à tout moment sur le point d'éclater...

Lui, Don Juan, c'est Ruggero Raimondi. C'est l'un des grands barytons-basses de son temps. L'une de ces voix rares, ambiguës, à cheval sur deux répertoires qui, tel le grand Pernet autrefois, sont capables du plus beau chant lyrique en même temps que de grands éclats sombres, mordants : nous terrifier et nous ravir... Sur toutes les scènes du monde il a déjà été un Don Juan d'acier. Mais c'est aussi un redoutable Procida des *Vêpres siciliennes,* un terrible Philippe II de *Don Carlos :* chaque fois, l'image de Ruggero Raimondi est associée à celle de personnages très noirs, qui brisent et détruisent autour d'eux. Et le travail qu'a fait Losey avec lui est à tel point admirable que l'un des rêves du metteur en scène aujourd'hui, c'est de tourner un film avec Raimondi acteur. Pas chanteur : acteur seulement.

Son compère et complice, Leporello, est joué par José Van Dam, qui chante tous les grands rôles de baryton du répertoire. D'un timbre plus clair que celui de Raimondi, mais d'une qualité intrinsèque

tout aussi stupéfiante, la voix du valet paraît ainsi un écho affaibli, assourdi, mais également inquiétant de celle du maître. Van Dam, le valet, a souvent chanté le rôle du maître.

Chez les dames, tout n'est que beauté... Kiri Te Kanawa, qui chante Elvire, est l'une des grandes découvertes de ces dernières années. Elle est née en Nouvelle-Zélande mais c'est à Londres qu'elle a commencé sa carrière pour devenir, un peu partout dans le monde, l'une des plus émouvantes héroïnes de Mozart qui se puissent imaginer. La comtesse des *Noces,* Fiordiligi de *Cosi fan tutte,* Elvire, bien sûr, mais aussi la Pamina de *La Flûte enchantée.* Disons-le, même si elle souhaite beaucoup d'autres choses, d'autres rôles, Kiri, c'est Mozart. Mozart dans l'élégance et Mozart à en pleurer. Un tremblement et une grandeur qui craque soudain, une hauteur qui n'est que le masque de la plus émouvante tendresse. Cette noblesse... Pour des milliers de nouveaux amateurs d'opéra, Kiri Te Kanawa, au fond, fait l'objet d'un véritable culte. On dit Kiri tout court. Kiri, ici, aux cheveux bleus et blancs.

Edda Moser, elle, c'est Anna, la victime transportée ; mais c'est aussi la Reine de la Nuit de *La Flûte* : un rôle à se casser les reins. Un beau visage grave, presque douloureux, et une voix faite pour vocaliser à l'infini, orner, *coloraturer*. Avec pourtant, au cœur même de toutes ces enjolivures qu'elle apporte si naturellement à la musique, une passion frémissante, une chaleur, qui n'ont rien à voir avec la perfection glacée de tant d'héroïnes types du répertoire bel canto.

Teresa Berganza, enfin, la Zerline de Losey, est peut-être l'une de ces trois ou quatre chanteuses capables, dans le monde entier, de transporter de

bonheur qui les aime, comme nous, éperdument. C'est la chanteuse idéale, objet d'un culte aussi, mais familier, bon enfant, ému et attendri. Elle est là, c'est tout... Et nous aimons la savoir là... Depuis les premiers Chérubin d'Aix-en-Provence et les Dorobella de *Cosi* qui sont à jamais marqués pour nous de son empreinte et de sa grâce, elle a été l'héroïne d'à peu près tous les opéras bouffes de Rossini montés de notre temps, mais aussi Carmen, mais aussi Didon et l'Octavie du *Couronnement de Poppée*. Sa voix vibre dans la mélodie espagnole et joue avec Mozart, avec Haendel, avec Vivaldi, Scarlatti, Pergolèse... Nous avons rêvé d'elle sous les platanes de la place de l'Archevêché, mais encore à Edimbourg, à Londres, à Salzbourg, à Paris. Face à Callas dans *Médée,* elle a même été Néris, la confidente, et il n'est pas jusqu'au rôle de Charlotte dans *Werther* qu'elle n'ait récemment abordé. Teresa — on dit bien sûr Teresa tout court — vocalise à ravir, joue les coquettes à vous damner et sait trouver des accents d'une infinie gravité pour dire — comme dans l'*Alcina* de Haendel montée par Lavelli à Aix — le bonheur intérieur des êtres : jamais nous ne l'oublierons, remontant des profondeurs d'un envoûtement, cavalier noir au bras de son épouse blanche et qui décrit simplement la beauté des prairies — *Verdi prati*...

Kenneth Riegel chante Ottavio. On l'a vu d'abord à Paris dans *Les Contes d'Hoffmann* puis, surtout, dans *Lulu* où, sous la conduite terrifiante de Patrice Chéreau, il a créé un Alwa — le « beau-fils » amoureux de Lulu — déchirant de désir et de compassion.

Plus épisodiques, les personnages de Masetto et du Commandeur. John Macurdy — le Commandeur — est une basse américaine qui chante à peu près tout, de Monteverdi (le Sénèque de *Poppée,*), à Schönberg. Quant au Masetto de Malcolm King, c'est un jeune chanteur de Covent Garden, l'un des espoirs de cette nouvelle école de chant britannique que nous n'en finissons pas de découvrir. Il campe un paysan fort en gueule qui sait très bien qu'au-delà de sa

colère à lui, gronde contre Don Juan la colère de tout un peuple.

Voilà les personnages sur lesquels Losey a joué. Voilà les héros qu'il a pliés aux terribles contraintes du va-et-vient incessant entre le play-back et le son direct qui constitue la règle du jeu de l'entreprise. Car dans la mesure où il s'agissait de faire le premier véritable opéra filmé jamais réalisé, il fallait tout à la fois la musique et l'image. La solution retenue a donc consisté à enregistrer toute la musique en studio — en fait, à la Schola Cantorum à Paris —, puis à n'utiliser en play-black que les arias et les ensembles, c'est-à-dire tous les morceaux où l'accompagnement orchestral mais aussi la perfection absolue du son étaient nécessaires. Pour les récitatifs, en revanche, ces longs moments de l'opéra où les chanteurs parlent ou chantent leur action simplement accompagnés au clavecin — ici par Janine Reiss —, on a eu recours au son direct. Parler de Janine Reiss et son clavecin sur une barque, perdus tout deux au milieu de la lagune... Image transparente, irréelle, féerique. Pari terrible aussi à tenir. Mais le son direct pour les récitatifs était ici une manière de respirer. Ainsi Losey a-t-il pu échapper en partie à la double contrainte que les conditions mêmes du tournage lui auraient sans cela imposées et se donner de grandes plages de (relative) liberté. Car n'importe quel metteur en scène confronté à un script en choisit le rythme et l'adapte à ses intentions propres. Or, qu'a trouvé Losey en commençant son travail ? Non pas un script mais des impératifs très précis de temps et d'espace. De temps d'abord : les airs et les ensembles enregistrés ont une durée précise qu'il n'est en aucun cas possible d'altérer, fût-ce d'une fraction de seconde. Telle scène — telle aria ou tel duo — doit durer quatre minutes et vingt-trois secondes. Ni plus ni moins : allez construire votre rythme à vous, là-dessus ! Première contrainte, imposée par Mozart et Lorin Maazel.

La seconde est celle du décor. Palladio, Palladio, rien que Palladio. Vous faites chanter Elvire ou Ottavio pendant quatre minutes et vingt-trois secondes, donc. Mais les faire bouger ? Marcher ? Déambuler ? Alors que le petit salon imaginé par Palladio mesure exactement sept mètres de long ? Non : à quelques mètres près, à gauche et à droite, Elvire-Kiri ou Ottavio-Riegel sont enfermés ici dans ce somptueux rectangle de quarante-neuf mètres carrés. C'est tout. Et ils n'en sortiront pas. Alors là aussi, le rythme de Losey, ses possibilités d'inventeur — s'il veut faire du cinéma qui bouge —, sont singulièrement limités. C'est un peu comme si on lui avait dit : vous allez où vous voulez, mais... Mais à gauche et à droite, vous avez un mur — Palladio — et en haut et en bas, un plancher et un plafond — Mozart. A vous de jouer, Jo ! Suivez le couloir !

En jouant — donc — sur les récitatifs en son direct

qu'il pouvait directement contrôler, Joseph Losey a pu ainsi faire sauter, au moins partiellement, une première contrainte. Etre vrai. Choisir ses temps, ses moments, ses respirations. Donner un naturel, une aisance à ses comédiens que le play-back aurait entravés pour toutes les parties dialoguées. D'où ce choix : son direct et play-back, mais le tour de force qu'il exige des chanteurs !

Quant à la seconde contrainte — Palladio —, Losey et Salieri l'ont tournée en jouant sur tout le registre palladien à la fois, qu'ils ont étudié avec la même minutie que la partition de Mozart, puisqu'ici Mozart et Palladio se répondent. Ainsi ont-ils fait éclater les lieux : on sort d'un salon de la villa Emo pour se retrouver à l'extérieur de la basilique de Vicence. Palladio devient ainsi un signe, une référence constante, mais pliée aux exigences d'un metteur en scène qui est l'un des plus exigeants qui soient au monde.

Ainsi, naviguant au plus près, dans un climat d'excitation latente, jonglant avec les horaires de ses chanteurs, obtenant deux semaines de tournage supplémentaires, se faisant tour à tour terrible et enjôleur, Joseph Losey a-t-il pu faire son *Don Juan. Son Don Juan :* le sien. Comme tous les créateurs, Losey a servi humblement Mozart mais, ce faisant, il a créé sa vision à lui du personnage. Des personnages. Du mythe et de son appareil. Une conception de l'œuvre que certains critiques, certains exégètes farouchement attachés à leurs propres stéréotypes dont ils ont fait de nouveaux tabous, refuseront d'accepter. Par exemple, ce que Losey fait si précisément, avec une telle évidence, du personnage d'Anna ; sa vision très particulière de celui de Zerline : autant de contours parfaitement définis, de traits plus ou moins soulignés qui pourront surprendre, sinon choquer. Disons d'entrée de jeu que l'analyse que nous en avons nous-même faite est, on l'espère, celle qu'a voulue Losey.

D'où des *a priori* que nous faisons nôtres dans le texte qui suit : à la fois l'histoire qu'on raconte, le regard qu'on pose sur des visages et sur des lieux, les yeux qui suivent des silhouettes, mais encore l'écoute que nous faisons d'une musique depuis plus de vingt ans avec la même ferveur.

Ce texte, donc ? Certes pas une analyse musicale ; moins encore une critique cinématographique : seulement le récit d'une rencontre. Au cœur du plus superbe creuset qui se puisse concevoir — la Vénétie des villas et des collines — Losey, l'éternel exilé, a croisé le chemin de Mozart sous le signe de Palladio. Da Ponte était de la partie dont Rolf Liebermann a évalué la donne et un producteur amateur d'opéra calculé la mise. Kiri et Teresa, Edda, Ruggero jouaient à cœur perdu : cela valait d'être raconté !

Acte premier

LE Teatro Olimpico de Vicence a été conçu en 1580 par Andrea Palladio, alors à l'extrême fin de sa carrière : il ne devait pas en voir l'inauguration, cinq ans plus tard, avec l'*Œdipe Roi* de Sophocle. Mais depuis 1540, il avait, on l'a dit, parsemé toute la Vénétie — et singulièrement la province de Vicence — de villas et de palais qui seront donc, tout au long de ce *Don Juan,* les lieux de l'action. Des lieux à vivre : Don Juan vit à la Rotonda, Anna à la Caldogno, Elvire prie à la villa Emo, c'est dans le sous-sol de la Poiana que Zerline et Masetto se chamaillent et se retrouvent tandis que la façade austère de l'église du Rédempteur, sur le canal de la Giudecca à Venise, ouvre sur le cimetière et la tombe du Commandeur — qui, de son vivant, hantait les galeries extérieures de la grandiose basilique de Vicence.

Mais le théâtre Olympique, testament somme toute de Palladio, est le lieu du théâtre. Car Don Juan selon Losey est d'abord théâtre, qu'on n'oublie pas ! C'est donc un théâtre à l'antique mais recréé avec gradins, escalier, loggias et perspectives d'un proscenium qui en coordone tous les éléments, véritable scène qui pourrait être une rue, une place, un carrefour mais qui demeure toujours un théâtre.

Tirso de Molina a écrit une pièce qui a engendré un mythe, le mythique mais bien réel Miguel Manara a vécu ce mythe et Milosz en a fait une pièce : l'un répond à l'autre à l'infini, et *Don Juan*, c'est la mise en abîme du théâtre. Donc, le Teatro Olimpico, lieu du théâtre, voit naître ce mythe selon Mozart. Après la première partie de l'ouverture et les redoutables accords de *ré* mineur — tonalité du Commandeur — tandis que se succèdent les sourds battements qui vont suivre, nous *découvrons* le théâtre. On allume une à une les chandelles, et les valets vêtus de gris qui portent le feu au bout des perches nous convient à découvrir ce carrefour unique qu'est la scène de Palladio au décor de Scamozzi. Sept rues venues d'autant d'autres rues convergent en une apothéose de l'architecture palladienne en ce qu'elle a d'essentiel vers une place unique où tous les acteurs du drame, perdus parmi les spectateurs qu'on retrouvera au deuxième acte au parterre et sur les gradins, errent sous les flambeaux et les statues graves qui les dominent, avant de se rencontrer. Ondoiement, dès lors, des personnages qui vont et viennent comme dans des rues vraies à la tombée d'une nuit vénitienne : le quartier de la Merceria, derrière San Marco, et celui du campo San Bartolomeo à six heures du soir ; là aussi, une façade qui aurait pu être palladienne illumine de sa grande ombre le théâtre de la vie. Don Juan apparaît, mais il n'est lui-même encore qu'un passant, le maître de fabrique, le maître des forges de verre qui se hâte vers son destin : une autre femme, une autre aventure, une autre conquête. Masque parmi les masques — son visage est fermé —, il vient, lui comme les autres, de l'autre bout de cette ville de bois peint qui ne mesure pas plus de dix mètres de long pour errer sur la place — loup parmi les loups — en quête de victime. Et tandis que s'achèvent les dernières mesures de ce début d'ouverture sombre et fiévreux — l'ombre du Commandeur, la statue au bout de l'avenue centrale mais aussi la menace pesante dans la musique qui annonce son entrée finale —, apparaît enfin le visage d'Anna.

Edda Moser au sublime regard que l'angoisse — l'attente ? — traverse déjà, soulève sa voilette et guette son séducteur. Edda Moser-Anna ou la dernière victime. Ses yeux inquiets par-delà la voilette, c'est le regard du destin. Elle est la victime initiale de l'opéra. C'est avec son viol par Don Juan que s'ouvre l'œuvre. C'est pour la venger que son père voudra affronter Don Juan. C'est parce que Don Juan tue le Commandeur que le drame commence.

Les exégètes ont beaucoup discuté sur le personnage d'Anna. Beaucoup trop, selon certains qui ne voudraient plus voir en elle qu'une fille saine et solide, ardente à venger son papa. Saine et solide, Anna ? Nous qui frémissons sous son regard bleu... C'est Hoffmann qui nous l'a dit le premier : Anna aime son séducteur et ne guérira jamais de la plaie que cet amour lui a laissée. Quant à Don Juan, ajoute encore Hoffmann, il aime aussi Anna — mais cela, c'est une autre histoire.

Nous n'en sommes encore qu'à ce moment d'agitation suprême où les comparses comme les héros du drame montent à l'assaut de la scène, et à ce regard d'Anna. Cet unique regard : elle cherche celui qu'elle aime.

Tandis que le rythme et la tonalité changent, et que l'ouverture se poursuit, plus rapide, presque enjouée, diaboliquement enjouée, *allegro*, encore en *ré* cette fois, mais majeur, triomphant : Don Juan va arriver chez lui, et il sait où il va. Nous entrons dans une seconde phase, puisque Mozart a conçu cette ouverture à la française en deux moments qui représentent les deux pôles du drame : les mesures noires et lentes du destin, du Commandeur, et l'agitation fébrile, la quête éperdue de Don Juan. De grands accords font frémir une lagune blanche. Nous avons quitté le théâtre de la ville pour celui de la vie, Venise et l'eau, la campagne qui l'entoure. A la lumière des chandelles succède celle, pâle, opale et claire, d'un autre matin. Onze, treize de ces pilotis à amarrer les gondoles divisent l'espace de l'écran dans le brouillard tremblant que perce enfin une barque. Très noire, ornée d'un phœnix en proue, ou d'un dragon,

c'est l'une de ces gondoles funéraires dont nous savons qu'elles portent le long du Grand Canal les morts jusqu'à l'île de San Michele qui sera leur dernière demeure et où un Stravinski repose aux côtés d'un Diaghilev. Chargée de visiteurs – des touristes ! –, elle conduit ce matin sa cargaison d'âmes chez Don Juan.

Il est temps de dire qui est Don Juan selon

Losey — car le Don Juan selon Mozart, nous en sommes encore à nous poser la question originale : débauché ou profanateur, ou autre chose ? Comme il ne parle guère — aux autres, les grandes arias : lui-même n'a qu'un air (le plus court, peut-être) ; une chanson dans le théâtre (sa romance, de style convenu, faite pour être romance) et un monologue débordant d'action qui va contre toute la tradition des monologues d'opéra —, nous ne le sentons que par ses gestes, par ses actes, et surtout à travers ceux qui l'entourent. Et cependant, nous le devinons si bien ! Qui est Don Juan selon Mozart ? Chacun de nous a sa réponse prête. On a vu Hoffmann, il y a eu Pierre Jean Jouve, Freud. Alors que des autres, Anna ou Ottavio, Elvire, le Commandeur, nous ne connaîtrons que ce qui les détermine par rapport à Don Juan — rien d'autre ne nous sera dit —, de Don Juan, tout a été précisé. A nous de savoir en tirer le Don Juan qui nous trahira.

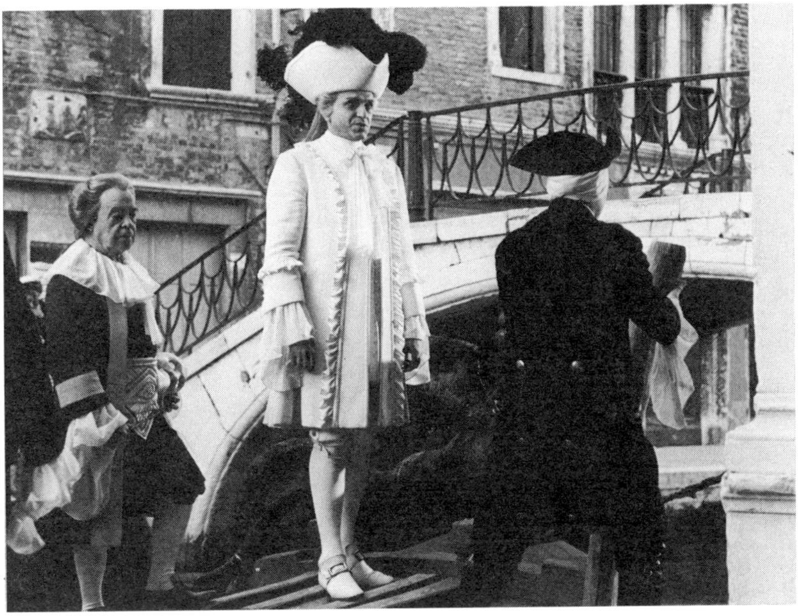

Celui de Losey, l'ouverture nous en donne la vision extérieure. On devrait dire : l'aspect social, l'environnement. A la fin d'un siècle qui est celui de Mozart et non pas celui de Tirso de Molina ; en un pays qui est l'Italie et non l'Espagne — mais que jamais la caméra ne *fixera :* hors la villa Rotonda, tous les lieux ne sont que décors —, Don Juan est un aristocrate qui vit, à l'anglaise, de son industrie. On a parlé du maître de forges de verre : nous imaginerons qu'à Murano, cet îlot sur la lagune de Venise où l'on souffle et file le verre, il possède sa fabrique. On devrait peut-être dire : son enfer. Et là, jour et nuit — semblables aux Niebelungen de Wagner sous le joug d'Alberich qui fondent de l'or, encore de l'or, toujours de l'or — , des ouvriers, esclaves ou démons, travaillent pour lui. Qui les paiera probablement d'une poignée de maïs à la tombée du jour. Car on a beau être cynique, débauché, il faut bien vivre ; et vivre, en ce crépuscule du siècle des Lumières, n'est que l'art de faire mourir plus lentement les autres.

Ainsi, à l'aube de ce premier matin de sa fin, Don Juan, dandy soudain byronien, conduit des visiteurs dans sa fabrique. Il est vêtu de blanc, éclatant, le visage dur, fermé, avec seulement une plume noire à son chapeau. C'est le Don Juan diurne, vampire dans son costume d'apparat. Il est en chasse et doit séduire avant de prendre. Le blanc, dès lors, est sa couleur. Silencieux, le page noir ouvre les portes de l'abîme.

Le page noir est né d'un désir commun de Francis Salieri et de Losey : donner à Don Juan un autre double que Leporello, un reflet plus ambigu encore. Leporello est le traditionnel valet de comédie, mais on lui découvrira d'autres facettes, infiniment moins simples. Il comprend Don Juan, mais il le juge aussi ; le page noir, très jeune et très beau, tout de noir vêtu, au visage très pâle, va, lui, au-delà de cette simple complicité : il sait tout de Don Juan, et n'a pas à juger. On l'imaginera fils de Don Juan, unique objet d'absolue beauté que le séducteur pourtant ne saurait désirer. Il prévoit les pensées les plus intimes du

père, ouvre et ferme pour lui les portes, lui passe son épée, lui glisse notes et billets : il est là, c'est tout. Et c'est lui, dont le silence exaspère encore davantage face au débordement — au bourdonnement — verbal de Don Juan, qui nous fait pénétrer dans toutes ses demeures.

Nous : la cohorte des voyeurs de cette ouverture qui pose le drame. Touristes des fabriques de verre à qui Don Juan fait découvrir l'univers qui sera son destin, l'enfer de ses souffleurs et, devant eux, le brasier déjà final. Debout au sommet d'une passerelle qui

enjambe le gouffre de feu, il domine, fasciné par la flamme qui s'élève, par le verre qui se tord et qui naît, par la sueur qui ruisselle pour lui et par la flamme encore qui monte. Au-dessous de lui, on travaille et on sue pour les beaux yeux des jolies dames et des ravissants pages. Il sourit, Don Juan-Raimondi, de son sourire du dedans, de son sourire d'acier. « Pour moi, dit Losey, Don Juan est d'acier et dangereux. »

Et tous, autour de lui — les visiteurs —, n'ont de regard que pour ce brasier. Tous, sauf Anna qui regarde Don Juan. C'est tout. Elle est en face de lui sur une autre estrade : dès le début, on nous la pose comme sa principale rencontre. Elle a cherché Don Juan dans le dédale des rues sans vie du Teatro Olimpico et l'a trouvé chez lui dans son enfer intime : une autre flamme brûle. Vêtue d'une cape bleue sur ce qui est déjà la chemise blanche aux manches évasées du viol, elle tient la tête droite, mais ses cheveux en désordre trahissent la passion qui s'agite en elle.

Cela, c'est Losey qui nous le dit. Et tandis que les ultimes palpitations de l'ouverture cèdent la place au rythme allègre, en *fa*, du soliloque de Leporello, la nuit, d'un coup, tombe.

L'œuvre de Mozart appartient à la nuit. Si l'on s'en tient à sa progression chronologique, scène après scène, le livret de Da Ponte se déroule à peu près entièrement la nuit, on aimerait dire en une seule nuit. Nuit de découvrance absolue en laquelle seraient condensés le péché et ses derniers soubresauts, l'accusation, le jugement et la mise à mort. Mais tant Mozart que ses metteurs en scène ont pris de larges libertés à l'endroit de cette redoutable et impossible unicité. Et Losey ne pouvait pas, rendant *Don Juan* au plus haut point crédible, nous obliger à croire que, vampire ou loup-garou (le mot est de Molière), son héros ne vivait que dans l'ombre. D'ailleurs un air tel que celui du Champagne qu'il chantera avant que sa fête commence, exige que le jour soit là, ne fût-ce que pour mieux éblouir.

Mais le péché, lui, demeure nocturne. Au pied de l'escalier monumental qui gravit le flanc d'un palais inconnu — la basilique de Vicence sous la pluie, dont Palladio a revêtu l'antique carcasse de l'ensemble de loges et de galeries qui devaient constituer le marchepied de sa gloire puisque c'est la réussite de cette basilique qui a entraîné pour lui offres et commandes dans toute la province [1] —, Leporello, le valet mais aussi le veilleur, fait les cent pas, grelotte et maugrée, las d'attendre. Pensez donc ! Son maître, à l'étage, n'est occupé qu'à violer l'une de ces mille et trois putains qui ont fait de cette Espagne vénitienne le terrain d'élection de ses conquêtes. « Putains, car c'est en putain, dit Losey, que Don Juan prend les femmes » — et Leporello n'a, lui, qu'à « nuit et jour s'affairer... » : il est remarquable que Don Juan ne nous apparaisse d'abord chez Mozart que par son valet qui joue à l'imiter. Mieux : qui rêve de l'imiter. « Je veux faire le gentilhomme et ne veux plus servir. » Mais alors que Don Juan sera vêtu de noir diamant ou de blanc éclatant, Leporello demeurera de brun, couleur muraille, couleur terre. Pierre Jean Jouve a dit qu'il est l'« élément irresponsable, non coupable, *terrien,* excrémentiel, de la personnalité de Don Juan ». Avec Losey, je ne suis pas si certain que cela de l'impersonnalité, de la non-culpabilité de Leporello : il envie son maître presque dans son péché. Mais on a trop souvent dit pleutre, bas, neutre : si double il y a, c'est dans une étroite complicité qui n'est neutre que parce qu'elle est l'envers de la médaille.

Et puis, de même que les analyses psychanalytiques de l'œuvre ont vu Anna qui cherche le père assassiné en l'assassin du père, de même on a dit entre Don Juan et valet une relation qui serait — maître-esclave, sado-masochiste — celle d'un couple à l'ho-

1. « On nommait anciennement Basiliques les lieux où les juges tenaient leurs séances pour rendre la justice à couvert, et où on traitait encore quelquefois des grandes et importantes affaires. » Palladio, *Les Quatre Livres d'architecture.*

mosexualité plus ou moins évidente dont Losey a ménagé la révélation flagrante au finale du deuxième acte : toutes femmes disparues, Don Juan n'est plus entouré que de mignons fatigués. Mais nous n'en sommes pas là.

« Oh ! le galant gentilhomme/Vous dedans avec la belle/Quand je fais la sentinelle... » : Leporello tout

de terre se gèle les pieds sous la pluie tandis qu'au sommet de l'escalier, il y a une porte noire, et c'est tout. Nous sommes dans la comédie, c'est l'air de bravoure du baryton bouffe et, brutalement — *crescendo, si* bémol majeur —, le drame éclate.

Ce *crescendo*-là, c'est la première irruption de la démesure dans l'histoire de l'opéra. Après *Don Juan,* Goethe disait que, Mozart mort, nul ne pourrait mettre son *Faust* en musique. Goethe connaissait le *Fidelio* de Beethoven et il admirait Weber ; même s'il ignorait, et pour cause, Berlioz, il avait bien senti que seul Mozart pouvait, par son universalité absolue, traiter d'égal à égal avec lui au royaume des mythes.

Deux ombres s'accrochent aux marches à pic de l'escalier : le séducteur, cette fois tout de noir vêtu qui dissimule son visage sous l'unique plume blanche de son chapeau — négatif photographique, donc, du Don Juan de l'ouverture à l'avant de sa barque —, et sa « victime » — quelle victime ! —, en chemise blanche — la chemise devinée sous le manteau bleu — et les cheveux cette fois défaits.

« N'espère pas, sauf me tuant,/Que je te laisserai partir... », crie la victime. Et l'un comme l'autre butent sur les parois de l'escalier, arrimés, enchaînés l'un à l'autre — qui retient l'autre ? — et se cognent contre les murs comme deux fuyards — qui fuit l'autre ? — pris au même piège.

La scène est capitale : que vient-il de se passer ? Don Juan a-t-il violé Anna ? Et Anna a-t-elle haï ou aimé ce geste ? Tout ce qu'on pourra dire ensuite de *Don Juan* repose peut-être sur ces quelques minutes pendant lesquelles Leporello faisait, lui, on le sait ! la sentinelle.

Mais pour Joseph Losey, tout est, au fond, très clair. Dans la fabrique de verre — cœur de verre nourri au sang... — Anna a désiré Don Juan et Don Juan, sans le montrer, avait lu ce désir. Le regard froid du libertin sur la fille qui le veut : c'est si facile, à lui, de calmer cette brûlure en elle... Dans le désordre de la nuit, Don Juan a donc pris Anna comme il les prend toutes — et Anna a aimé, donc, au délire, cette étreinte. Ah ! non, ce n'est pas le fidèle et trop suave Ottavio, le suave fiancé qu'on lui destine, qu'elle a cru voir pénétrer dans sa chambre et à qui, dans l'ignorance sinon l'innocence, elle se serait abandonnée. D'ailleurs, Ottavio a-t-il une tête — ou une musique, ce qui revient au même — à forcer la porte de la chambre d'une femme au milieu de la nuit ? C'est bien Don Juan qu'Anna attendait, et c'est bien à lui qu'elle s'est fiévreusement donnée.

De ce don, Edda Moser portera ensuite, pendant

tout l'opéra, les stigmates sur son visage angoissé.

Mais Don Juan, son « forfait » accompli, a tout aussitôt quitté Anna comme il fait de toutes celles qui ne sont plus, après l'amour, que trop semblables. Joseph Losey répète : il les traite toutes comme des catins. Et c'est cet abandon que Donna Anna refuse. Celui qu'elle veut retenir, ce n'est pas le suborneur, c'est l'amant qui s'en va — pour le garder, elle en périrait ! Tu ne partiras qu'en me tuant ! — et elle hurlera donc à en réveiller toute la maisonnée. Alors que Don Juan, son plaisir si vite pris, ne songe qu'à s'en aller. Vers une autre et vers une autre encore. « Comme une furie vengeresse, Je saurai te persécuter... » : mais c'est le cri du cœur de la femme jalouse, cette fureur-là ! Et toute la musique d'Anna exprime si bien cette tension. Don Juan pourtant s'en moque, qui ne jouit que de l'instant, qui n'a jamais joui que de l'instant et ne s'en est jamais relevé. Si bien que tout est prêt pour que le drame amorcé — ces cris... — éclate : le Commandeur va arriver.

Qui est-il, ce vieillard au turban blanc qu'on ne voit que mort en sursis, puis cadavre ou fantôme, mais dont la figure de pierre va planer sur toute l'œuvre ? Losey nous le montre dans tout l'apparat d'un grand coucher : autour de lui agonisant, bientôt mort, les valets multiples danseront un ballet funèbre. On le devine maître d'une province et jaloux — à en mourir — de l'honneur de sa fille, sinon de sa fille elle-même. J'imagine qu'il sait ce qui couve sous le sein brûlant de la fiancée du trop tranquille Ottavio. Et qu'il devine aussi que le fiancé ne saurait être un vengeur. Mais au-delà des seules apparences, il est le destin : celui par qui la fin commence. L'œuvre s'ouvre par la mort du Commandeur de la main — l'épée — de Don Juan, et se clôt par la mort de Don Juan de la main — la main, et la main seule, nue, glacée, de marbre, de mort — du Commandeur. Tout ce qui se passe entre ces deux gestes de deux mains, c'est la marche à la mort.

Dans l'arsenal du parfait mozartien, la dissertation

SOPR.

sur la mort, sur l'idée de la mort chez Mozart, tient une place de choix. Mais tout récemment traduit en français, le texte capital de Wolfgang Hidelsheimer a eu le mérite de montrer la dualité qui opposait la vision séraphique qu'on s'est plu à faire de son lent apprentissage de la mort (« Puisque la mort (tout bien considéré) est le vrai but de notre vie, je me suis depuis plusieurs années tellement familiarisé avec cette véritable et meilleure amie de l'homme que son image n'a plus rien d'effrayant pour moi, et m'est plutôt un apaisement et une consolation » — lettre à son père du 4 avril 1787) à une prise de conscience beaucoup plus dramatique, infiniment moins lumineuse, c'est le moins que l'on puisse dire, de l'heure qui viendra (...« Je suis sur le point d'expirer. J'ai fini avant d'avoir joui de mon talent. Pourtant, la vie était si belle..., mais on ne peut changer son destin. Nul ne mesure ses jours, il faut se résigner, il en sera ce qu'il plaira à la providence... » — lettre, peut-être apocryphe ? à Da Ponte, septembre 1791).

La première mort, en tout cas, celle du Commandeur, est celle du Mozart « classique » de la lettre d'avril 1787. L'autre... Mais on la verra. Dans la nuit de Vicence, sous la pluie qui tombe sans fin et sur le pavé mouillé, le Commandeur défie Don Juan. Don Juan *sait* que s'il porte la main à l'épée, il tuera son adversaire. Lorsqu'il se retourne, dans une rafale de pluie, il est l'image de cette fin suicidaire qu'en vrai gentilhomme il refuse de donner. « *Misero ! Attendi ! Se vuoi morir !* » Mais est-ce que le Commandeur ne *sait* pas lui-même qu'il va mourir ? Provoquant un jeune seigneur dans toute l'ardeur de la jeunesse, il ne peut qu'y laisser la vie. Mais il ne peut pas, non plus, ne pas défier. Et à cet égard, nécessitée par d'autres règles, répondant à un autre code fondé sur une autre conception de l'honneur (les bien-pensants diraient que Don Juan a l'honneur « mal placé », c'est tout), la résolution du Commandeur face au trépas est rigoureusement identique à celle de Don Juan face au convive de pierre. L'un et l'autre savent, l'un et l'autre acceptent.

D'où le ferraillement sous la pluie, cette admirable douceur, cette séraphique agonie en *fa* mineur qu'est la mort, à proprement parler, du Commandeur. Trois voix d'hommes, trois voix basses pourtant totalement isolées l'une de l'autre (l'un se voit disparaître, l'autre se voit voyant mourir et le troisième voit celui qui voit : quelle rencontre, quand même !), s'accordent pour le plus méditatif des requiems jamais imaginés. Car, si le Commandeur, comme Don Juan, a choisi sa (la) mort, le premier sait où il va. D'où cette sérénité qui est celle de Mozart écrivant à son père : une mélodie inachevée. Alors que l'autre, Don Juan, irréfléchi au sens le plus littéral du mot (qui ne sait réfléchir), va droit à cette autre chose qu'est le néant.

Mais au-delà de cette élégie, Joseph Losey a voulu aussi montrer, lui, ce qu'est la mort qu'on voit en face : le sang qui tache d'abord la chemise puis macule bientôt le corps entier, dégoulinant, dégouttant. Et le visage même du mort qui devient jaune, vert, putréfié, pétrifié : à peine le Commandeur mort, il sera pourriture puis statufié et porté à l'intérieur de sa maison, gisant de pierre. Pierre Jean Jouve a parlé de cette *lumière* qui est la mort du Commandeur et que vient clore la plus lumineuse gamme descendante jamais rêvée : Losey y ajoute un réalisme soudain effroyable et qui nous glace. Lente mort, au fond, devant un rideau de pluie.

Réalisme aussi que cette valse pourtant purement irréelle dans sa rigoureuse chorégraphie que jouent autour du corps du mort les passants surgis de nulle part et qui, parapluies-ombrelles blanches et noires à la Goya à la main, « viennent voir », sous la pluie : comme si la grande place de la Basilique à Vicence, magistralement redessinée par un Palladio qui l'emporte sur tous ses maîtres, ruisselante ici d'eau, devenait un autre théâtre où l'on regarde la mort — le mort — en objet de curiosité. Réalisme également que cette « levée » du corps sur sa civière par les domestiques vêtus de blanc peu à peu rassemblés, dont l'itinéraire à travers la diagonale de la place, puis l'escalier, enfin sur la longue galerie de la basilique, nous permet de découvrir — l'un des seuls panoramiques architecturaux du film — la superbe utilisation (il la rend « utile ») que fait Losey de l'architecture palladienne.

Mais réalisme surtout — tandis que Don Juan et Leporello se sont rapidement esquivés par des rues qui sont de vraies rues — que la douleur d'Anna, échevelée, mouillée, transpercée de la pluie qui s'abat sur le corps de son père et dont la chemise colle soudain au corps, envolée pourtant autour d'elle comme les longs rideaux, les grands voiles répondant aux pierres, les plis des rideaux aux élancées des colonnes, voiles blancs et voiles blanches, linges blancs qui parsèment le film de Losey comme Patrice Chéreau revêtant de linge blanc, à Bayreuth, le corps le Siegmund qui va mourir...

Si bien que la chemise d'Anna devient elle-même un suaire qui épouse la forme de ces rideaux, tandis qu'on tend de noir — un noir léger, une gaze transparente — les statues de marbre que Salieri et Trauner, le décorateur de Losey, ont placées de part et d'autre du salon central de la villa Caldogno pour supporter les signaux du deuil.

Car nous sommes maintenant à l'intérieur de la maison du Commandeur, et Losey a imaginé que ce lieu de douleur où bouillonne la vengeance serait la villa que Palladio a construite vers 1570 pour le puissant Angelo Caldogno. Même si certains chercheurs en attribuent les plans à un Pietro da Nanto plutôt qu'à Palladio lui-même, la villa Caldogno n'en est pas moins palladienne dans son essence, ne serait-ce que par le triple escalier qui conduit à la partie centrale et l'organisation de son *piano mobile* autour d'un salon central. Tout à Caldogno rappelle d'ailleurs avec insistance la villa Poiana, que nous retrouverons comme autre lieu de la fable don juanesque selon Losey.

C'est dans ce cadre à la mesure de l'ambiguïté d'Anna — car les fresques, sur les murs, sont d'une insolente lascivité dans leur apparente retenue : dames et seigneurs, pages et servantes vêtues jusqu'au sol, mais quels regards, quelles interrogations ? — que vont se révéler pour la première fois l'un en face de l'autre les deux caractères si disparates, si mal faits pour se rencontrer — si admirablement *alternés* musicalement — que sont Anna et Ottavio. Anna pleure son père et quel que soit l'effort que l'on fasse pour tirer Anna à (vers) Don Juan, on ne peut lui retirer ce grand moment de déchirure face au corps que les valets ont placé sur une manière de catafalque entouré de cierges, au centre de la pièce. Et lorsqu'elle dit « *Io moro* », « Je meurs », c'est véritablement qu'elle défaille. Mais Ottavio, le pâle *Ottavio* (jusqu'à ses deux airs qui seront grandiosement pâles) n'est là que pour la soutenir : jamais il ne lui apportera davantage que l'appui d'un bras trop blanc. Et qui veut voir dans cette scène de douleur frustrée (le père mort, l'amant disparu) un duo d'amour entre deux sages fiancés, prend le texte au pied de la lettre, alors que la musique (début d'aria brusquement, brutalement avorté : « *Fuggi, fuggi, crudele !* ») n'est que sursaut, combat au plus profond d'Anna elle-même.

D'ailleurs — et nous prendrons cette fois nous-même, avec Losey, le livret au pied de la lettre — Anna chasse bel et bien Ottavio à la fin de la scène, et ce n'est pas seulement un effet de style !

La clause de style, c'est le serment — Ottavio qui jure solennellement à Anna de venger cette mort — que Mozart traite avec une grandiloquence marquée qui évoque l'*opera seria* et ses codes auxquels il a pourtant si admirablement échappé et que Losey lui-même traduit en images d'une beauté convenue, mains serrées entre les faux amants de part et d'autre du cadavre du père.

Nous étions jusque-là dans le seul domaine de l'opéra filmé, fût-ce avec une superbe virtuosité que seul un Losey pouvait réinventer, c'est-à-dire avec une candeur à laquelle aucun détail n'échappe et qui sait tirer parti de tout. Mais voici, brusquement, que le cinéma éclate, crève l'écran et déborde. Oh ! ce n'est pas parce que les rapides répliques du court récitatif entre Don Juan et Leporello s'échangent

entre deux cavaliers qui caracolent dans la forêt qui sépare hypothétiquement la Caldogno de la Rotonda — encore que le ton de Leporello qui morigène son maître soit subitement d'une étonnante vigueur : mais il y aura mieux en ce domaine, on le verra —, mais simplement parce que toute la scène qui suit, la grande aria d'Elvire, entrecoupée des remarques des deux compères (c'est cela qu'ils sont devenus, complices aussi dans le crime), puis l'air du Catalogue sont enlevés d'un seul mouvement cinématographique avec une virtuosité poétique qui nous laisse pantois.

Qu'on se remémore bien les faits : à peine sorti des bras d'Anna et du meurtre du Commandeur, Don Juan s'envole donc vers d'autres aventures. Le rapide sermon de Leporello est celui de Sganarelle au héros de Molière : la caricature du bon sens populaire. Tout de suite interrompu, il fait place à l'une des plus célèbres répliques de l'opéra de tous les temps : tais-toi, Leporello, *« mi pare sentir odor di femmina... »* « Je crois bien sentir une odeur de femme... » Encore l'une de ces phrases dont on a fait des livres. Les narines palpitent, le regard se fixe, le discours devient murmure : Don Juan sent, au sens le plus précis du mot, le parfum de femme. Dino Risi, lui, en a fait un film ; puisque nous parlons de cinéma : Vittorio Gassman, c'était Don Juan tombé.

Et c'est une femme, en effet, qui se dirige vers la maison de Don Juan en chantant sa douleur dans la première véritable aria lyrique de la partition, le désespéré, désespérant, *« Ah ! chi mi dice mai »* « Ah ! qui me dira jamais... » On ne la voit que de loin mais Don Juan, sur-le-champ, décide de lui faire sa cour : preuve qu'elle est désirable. Las ! à peine l'a-t-il approchée qu'il se rend compte que la belle inconnue n'est autre que sa propre femme, Donna Elvire, qu'il a abandonnée et qui court l'Espagne à sa recherche. Elvire : jeune et désirable, soulignons-le au passage. Alors que l'Elvire de Molière, qui semble bien avoir inventé le personnage, est une épouse, une désespérée que sa douleur rend exaspérante, l'Elvire de Mozart est au contraire si femme qu'on a voulu voir en elle *la* femme unique. Celle que Don Juan fuit précisément parce qu'il l'a rencontrée : l'*odor di femmina,* c'est l'odeur d'Elvire, et d'Elvire seule.

Mais parce qu'elle a été possédée, Don Juan, dans sa rigoureuse aberration, ne peut que la rejeter : revenu de sa surprise, il abandonne (une première fois !) la malheureuse Elvire à Leporello. Et celui-ci lui lira le récit des « cent coups » de son patron dans le célèbre air du Catalogue où il lui énumère la liste de toutes les maîtresses de Don Juan.

A ce prodigieux enchaînement de scènes (désespoir, reconnaissance, ironie, paillardise), Losey a fait connaître un traitement prodigieux.

Que l'on voie d'abord Elvire. Elle apparaît au loin comme une silhouette enveloppée de brume dans la brume du matin. Parenthèse : qui a connu ces brumes matinales sur les collines vertes au-dessus de Vicence y retrouvera tout. Et l'impalpable pâleur de l'air, comme suspendu, et les nuées qui planent dans les vallées, et le rideau clair qui, lentement, se lève sur une herbe très verte jusqu'au début de l'automne. C'est dans cette lumière qu'une Elvire étrangère, un cocon blanc, femme enveloppée de voiles blancs dont la coiffure même est cocon, s'avance en disant son malheur de ne pas retrouver qui l'a quittée.

Elvire, vue de loin par son époux, marche sur l'horizon tout proche et c'est soudain l'éblouissement : la maison vers laquelle elle dirige ses pas est la Rotonda. Bornons-nous, pour le moment, à noter que c'est la plus fameuse des villas de Palladio, dont la forme a été maintes fois imitée sans qu'on retrouve jamais plus totale harmonie. Autour d'une coupole centrale, quatre volées de marches conduisent à quatre perrons portant chacun une rangée de six colonnes rigoureusement semblables — semblables les colonnes, mais aussi les escaliers, les rampants, les perrons, les frontons et les chapiteaux qui coiffent les colonnes. Cette seule description montre le parti cinématographique qu'on peut tirer d'une demeure ainsi ouverte à proprement parler aux quatre vents et dont l'orientation même a donné lieu à des interprétations géomantiques — les lieux confrontés aux données magiques qui ont présidé à leur dessin — particulièrement subtiles. Pour ne pas parler de l'*intérieur* de la villa Rotonda, sur lequel on s'étendra plus tard mais qui, au moins autant que ses quatre façades a, pour Losey, un sens à la fois métaphysique et purement cinématographique (lieu des images mouvantes) bien précis [1].

On remarquera d'ailleurs au passage — nouvelle digression, mais loseyenne, cette fois — qu'il existe à l'ouest de Londres, à Chiswick, ainsi que dans le Kent, à Mereworth, deux répliques anglaises de la villa Rotonda, conçues au XVIIIe siècle — en plein palladianisme anglais triomphant — l'une par lord Burlington, l'autre par Campbell, et où Losey avait déjà placé deux scènes de deux de ses films : *The Servant* et *Accident*. Le voyage à Vicence était donc, pour lui, et en cela au moins, un retour aux sources.

Digression achevée : retour à Elvire. On a parlé d'aria. « *Ah ! Chi mi dice mai* » en est certes une, et l'une des plus belles — des plus courtes aussi — de la partition.

Bien sûr, les paroles sont amères et vengeresses, mais nullement véhémentes et violentes : la tonalité

1. Le seul texte de la main de Palladio sur la villa Rotonda est celui qui figure en regard du plan et de la gravure des *Quatre Livres*. Nous respectons ici le style de la belle « mise en français de Freart de Chamaray pour l'édition de 1650 ».

« Entre plusieurs honorables gentilshommes de Vicence, nous avons le seigneur Paolo Almerico, homme d'Église, lequel fut Référendaire des papes Pie IV et V et mérita d'être fait Citoyen Romain, avec toute sa maison, explique Palladio. Ce gentilhomme, après avoir longtemps voyagé, pour se rendre plus recommandable, et s'étant venu retirer en son pays après le décès de tous les siens, prit pour sa demeure un lieu de plaisance qu'il avait près de la ville environ demi-quart de lieue, où il a fait depuis bâtir la maison suivante, laquelle n'y est pas mise au rang de maison de campagne, à cause de sa proximité de la ville, d'où on peut proprement dire qu'elle est. Sa situation est aussi belle et aussi avantageuse qu'on le saurait désirer, étant assise sur une colline de facile accès,

de *mi* bémol majeur qui caractérise l'air lui donne, au contraire, une sorte de noblesse désespérée, mais désespérément amoureuse. Pourtant, jamais davantage que dans le film de Losey, on n'a senti que l'aria, comme expression d'un monologue, c'est-à-dire d'une solitude, n'était ici détournée par Mozart de sa signification traditionnelle. Certes, les interruptions que multiplient Don Juan et Leporello (commentaires à mi-voix sur la beauté de cette dame) sont déjà le

au pied de laquelle passe le Bakilon, fleuve navigable. De l'autre côté, elle est entourée de plusieurs autres collines, qui semblent former comme un théâtre, outre qu'elles sont très fertiles et abondantes en excellents fruits, et en bons vignobles ; tellement qu'étant ainsi avantagée de tous les côtés de très belles vues, on lui a donné des loges à toutes les quatre faces, sous le plan desquelles et de la salle on a pratiqué des chambres pour l'usage et pour la commodité de ceux du logis. La salle est ronde et dans le milieu du bâtiment, et reçoit le jour d'en haut. Les cabinets ont des mezzanines. Sur les grandes chambres qui sont autour de la salle, et dont les voûtes sont de la première méthode, on trouve un lieu où se promener, qui est large de quinze pieds et demi. A l'extrémité des piédestaux (rampants) qui servent d'appui aux escaliers des quatre loges, il y a des statues du Maître Lorenzo Vicentino, sculpteur excellent. »

signe d'une présence extérieure voulue par Da Ponte et Mozart, mais le regard de voyeur aux aguets que pose sur Elvire le séducteur qui jauge, qui juge, apprécie, mesure, soupèse, font que, pas un seul instant, nous ne pouvons ici imaginer Elvire seule. Elle-même sait d'ailleurs qu'elle va à son mari comme — pardon de la trivialité — la pouliche va à l'étalon. Si bien que les mouvements de sa robe, les gestes de ses bras, jusqu'aux nœuds qui ornent son corsage sont autant de signes qu'Elvire devine l'homme (il n'y a pas que l'*odor di femmina !*) et se prépare à tout abandon qu'il exigera d'elle.

Dans une dernière levée de brume pâle sur l'herbe verte, le cocon-Elvire qui ne demande qu'à être déchiré se retourne et fait face : l'homme est là, qui la salue très bas, vaste coup de chapeau. *Stelle ! Che vedo !*

Tout se passe alors très vite. Don Juan a compris à qui il a affaire, il est pressé d'en finir : Elvire est là, elle restera donc, lui-même peut s'en aller. Et l'étrange et mal assorti trio gravira, chaotique, les marches de la Rotonda. Leporello et Don Juan poursuivent tout bonnement le dialogue qu'ils avaient entrepris sur elle sans savoir qui elle était — maintenant, ils savent, et voilà tout —, tandis qu'Elvire elle-même continue le fil de sa rêverie *publique.* Mais le couple est dès lors si parfaitement séparé que Don Juan tourne déjà le dos à son épouse : à Leporello de se débrouiller.

Un geste encore, ces derniers mots lancés avant de disparaître : « Si, si, dis-lui tout », et Leporello se retrouve à proprement parler avec Elvire sur les bras. Mais le miracle de Losey sera de faire qu'à partir de ce moment-là, et peut-être justement par son outrance, Leporello perdra toute vulgarité. Bien mieux, double de Don Juan dont il consigne par écrit les conquêtes parce qu'il est, selon le mot de Pierre Jean Jouve, sa *mémoire,* il devient, le temps d'une aria, Don Juan lui-même. Il y a d'ailleurs soudain une si parfaite noblesse en ce gentilhomme vêtu de brun qui déroule pour une dame le tapis des conquêtes d'un autre qui se retrouve lui...

Une description précise de ce que Joseph Losey fait de l'air du Catalogue s'impose dès lors, car c'est l'un des très grands moments du film, où le comique haletant d'accumulation de l'*allegro* initial, admirablement — et physiquement — mis en place sur l'image, s'efface derrière un *andante* rêveur, nostalgique, dans la même tonalité de *ré* majeur, mais où cette fois Leporello caresse à proprement parler les femmes qu'a aimées son maître.

Allegro, d'abord : ô combien ! Un geste, on a dit, de Don Juan, et deux valets apportent le grand livre. Grand livre qui est quadruple au moins : chacun des servants — car c'est d'une cérémonie diablement profane mais rituelle tout de même qu'il s'agit — tient deux psautiers entre les mains et, tel un tapis de stupre, Leporello en déroulera les pages au pliage en accordéon sur les marches de la villa. C'est dès lors une rivière, un torrent, un fleuve de papier et de noms, de pays et de conquêtes qui roule, ininterrompu, du plus haut sommet du perron de la Rotonda jusqu'au bas des escaliers, qui traverse l'allée, qui franchit la pelouse et qui paraît devoir encore rouler, déborder jusque dans les communs. Les victimes de Don Juan ? Six cent quarante en Italie, deux cent trente et une en Allemagne : Elvire, épouvantée, agenouillée, parcourt la liste redoutable — c'est cela, son mari ! —, tout à la fois à la recherche de plus et de plus encore... et de son propre nom ! La grandiose musique syncopée, trépidante, la volubilité de Leporello se reflètent dans l'égarement du visage admirable et voilé d'une Kiri Te Kanawa aux abois. Chaque nom, chaque lieu, chaque chiffre est une autre blessure et Leporello-Don Juan ajoute et ajoute encore : elle en défaille...

Et puis, brusquement, le rythme change. Le travail de Losey devient plus incisif encore... C'est l'*andante* amoureux de Leporello qui, après avoir quantitativement énuméré les proies que le maître a dévorées, en arrive à leur description qualitative : la gentillesse de la blonde, la constance de la brune — l'eau lui en monte à la bouche, à Leporello, et cette fois, l'effroi d'Elvire-Kiri fait place à l'horreur. Ce que le valet est en train de lui montrer en détail, c'est la copulation du maître. D'ailleurs, nous avons quitté le cadre abstrait de la villa noble et de ses alentours, jardin presque à la française dans l'éblouissante épure d'un matin vénétien, pour nous retrouver au cœur des communs, dans la moiteur même de ces servantes qui sont l'eau où pêche Don Juan. La blonde, la brune ? Mais elles sont là, Fanchons accortes aux larges décolletés dont Leporello, qui joue plus que jamais au maître, caresse la joue, effleure une rondeur, une épaule. Elles sont là, toutes celles que Don Juan a séduites, et qui sourient, heureuses. Repues... Leur sourire, dès lors, est quelle blessure ?

Le visage d'Elvire, à chaque femme, se crispe davantage, mais le plus dur, le plus beau, reste encore à venir. Après que Leporello les a toutes décrites, blanche et douce, grassouillette et maigrichonne, toute petite aussi, toute petite, si petite — et la musique joue si bien avec lui ! —, il en arrive à ce que jamais Elvire ne saurait plus être, mais dont elle se souvient si bien, si tendrement : *la giovin principiante,* la pucelle, la débutante dont elle sait tant et tant encore que c'est la passion « prédominante » de Don Juan. Et là, Losey nous transporte en quelques plans aux domaines enfouis du plus grand regret. La jouvencelle ? Nous voyons une nymphe assise nue au bord d'une fontaine, margelle d'un puits de longue pierre plate que les herbes et les feuilles, les roseaux très verts envahissent. C'est une tendre petite caille effarouchée, les cheveux ceints d'un linge blanc, qui lève simplement la main et tout le bras, née d'Ingres peut-être, au plus tendre de ses émois, pour s'essuyer les seins ou dérober, au contraire, ses formes graciles à qui l'a ainsi surprise. Et quatre regards s'échangent : celui de l'enfant, qui sera la victime nouvelle, figée dans ses gestes ; celui de Leporello qui la dit et auquel se substitue tout aussi vite celui de Don Juan, voyeur revenu voir : un regard de glace, droit, fixe jusque dans la totale immobilité des prunelles — et celui, enfin, d'Elvire, qui s'effondre d'une seule larme. D'Elvire qui pleure, car elle sait tout.

Dès lors, que Leporello achève en lui murmurant que pourvu que ça porte jupon, elle sait bien, Elvire, ce que le mari-amant fait de tout son gibier, est superflu. Tout a été dit, et Joseph Losey, partant de l'un des airs les plus *enjoués* (qu'ils disent !) de Mozart, a su créer une passion et un drame.

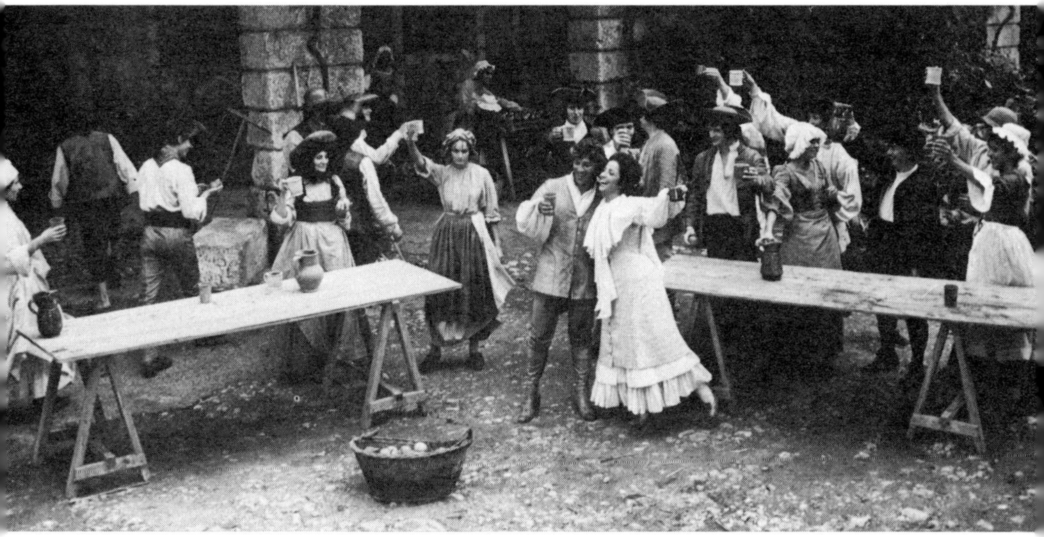

Mais c'est déjà la fête. Le fulgurant et entraînant *allegro* mène dans sa danse bonhomme et rustique un groupe de paysans qu'une noce a réunis : Zerline et Masetto, les futurs épousés, chantent tour à tour leur joie de vivre à un chœur qui les accompagne de gais « Ah ! ah ! ah ! ». La musique est si simple, si facile : seul moment de tout l'opéra où nul n'a d'arrière-pensée ! Et Losey lui donne, à cet *allegro* champêtre, une allure plus folklorique encore, plus convenue, avec les deux fiancés qui distribuent des fruits, du vin dans la cour de l'auberge du Cheval-Blanc en Vénétie. Bientôt, dans les profondeurs de l'auberge, viendront les chapelets d'oignons et les jambons fumés qui pendent du plafond : à coups de trois détails, on a recréé une convention : « La folle fête ne durera pas longtemps, mais pour moi, elle n'a pas commencé », chante Masetto : il suffit d'un regard... Voici qu'un signe se produit. Le valet noir est là...

On l'a dit fils de Don Juan : rabatteur aussi. Son œil noir, le troisième œil. Il a vu la fête, il flaire le plaisir — nous ne parlerons pas d'innocence ! — mais son visage demeure de trop beau marbre : meurtri. Ce n'est pas pour lui qu'il agit.

Un gant tombe, un message y est glissé : Don Juan sait, il arbore son plus terrible sourire et il fonce. Oh ! là aussi, tout se passe très vite. Un bref récitatif : c'est l'intrusion du loup dans la bergerie. Et deux coups d'œil : Zerline sait qui est Don Juan ; Don Juan sait ce qu'il fera. Mais comme il est le maître, il agit en maître et pas un instant ne laisse planer un doute sur ses intentions. Droit de cuissage du seigneur, retrouvé des *Noces de Figaro ?* Bien plus que cela. Le droit tout court à déchirer. Le droit à toute chair. Surtout lorsque la chair fraîche s'appelle Zerline, la mâtine, et que Teresa Berganza — qui la chante — est prête, d'avance, à se laisser dévorer. D'où, lorsque, après Zerline, le fiancé s'est présenté avec une formule banale — « Masetto, pour vous servir ! » — le regard du seigneur qui foudroie et qui remet toute chose à sa place : *« Per servirmi !* — Voilà parler en gentilhomme ! » Regard terrible, humour terrible, ironie sans parade de celui qui tient l'épée : on ne dira jamais assez combien, en cinq répliques, Ruggero Raimondi a situé Don Juan. On ne dira jamais assez quel acteur est Raimondi. « Dangereux, d'acier, métallique... », répète Joseph Losey.

« *Oh ! bravo ! per servirmi !* », s'exclame donc Raimondi, et nous sentons qu'il ne doute pas un instant d'avoir tous les droits. Dans un mois, dans un an, il sera brisé, mais d'ici là, il va vivre redoutablement son bon plaisir et tant pis pour qui — Masetto ce soir, mais quel autre pauvre diable de mari, de fiancé, de père ou de barbon — se trouvera sur son chemin. « Pour me servir ? » : Don Juan est déjà parti avec Zerline. Il a promis une fête, les rustiques d'applaudir et Masetto de se retrouver seul.

Suit alors la brève aria de Masetto, trop souvent négligée ou considérée comme un seul mouvement d'humeur, mais qui est pourtant le prolongement de l'air prémonitoire de Figaro : « *Se vuol ballare...* » Si vous avez envie de danser, mon bon comte, lance Figaro à Almaviva (absent de la scène, tout comme Don Juan : il ne faudrait quand même pas aller trop loin !), je saurai bien vous faire valser, allez ! » Face au seigneur qui prend, c'est la colère du peuple, qui explose. Impressionnante, déjà, cette flambée de rage, encore aujourd'hui ligotée, mais le Masetto de Malcolm King est assez beau garçon, taillé en fort en gueule, pour qu'on puisse prévoir qu'un jour, il arrachera les liens qui le retiennent (d'ailleurs au cours du deuxième acte...) et que c'est tout un peuple, alors, qui montera à l'assaut du seigneur ironique dont l'acier de l'épée deviendra un bien fragile rempart face à mille et trois gourdins. Il n'est d'ailleurs pas sans intérêt de noter que lors de la création de l'œuvre, à Prague, ce fut le même chanteur — Giuseppe Lolli — qui joua à la fois Masetto et le Commandeur. Le vengeur potentiel qui, en 89, vous balaiera tout cela comme neige au soleil, et le vengeur mythique face à qui, précisément, l'épée de Don Juan est un inutile recours. Comique, dès lors, Masetto ? Certes, dans son impuissance. Et puis, il n'a pas le prestige ni la carrure d'un Figaro. Mais à la fin, qui chantera avec les autres tandis que Don Juan rôtira dans ses flammes ? Il y a donc, dans cet allègre ressassement d'une amertume hargneuse, une musique plus grave qui deviendra le *Ça ira*.

Mais seul au milieu de sa cour de ferme que les gens de la noce ont quittée, c'est au vide pourtant qu'à grands coups de menton, Masetto adresse pour le moment ses menaces.

Car Zerline a bel et bien suivi Don Juan. Et toute la scène de la séduction qui va se dérouler — le récitatif : enfin, nous sommes tranquilles ; le premier duo : *« La ci darem la mano »,* le second : *« Andiam, andiam »* — nous introduit enfin au cœur de la maison de Don Juan. Après s'être révélé sous son jour le plus vrai face au peuple, Don Juan fait les honneurs de sa vie intime à la petite paysanne. De pièce en pièce, à travers la Rotonda, il nous décou-

vrira ces incroyables perspectives qu'a imaginées Palladio et dont Losey a si somptueusement deviné l'usage qu'il en pourrait faire. Quelle que soit, en effet, la fenêtre ou la porte devant laquelle on se place, le plan en croix de la villa nous montre une enfilade de pièces, une *vista,* avec une autre porte, une autre fenêtre, et le ciel au bout. Pour mieux faire tomber la résistance de Zerline, c'est donc la magnificence de ce décor que Don Juan va lui révéler, balançant avec elle entre les plus secrètes profondeurs de la demeure (le lit, au bout) et de brefs retours à la lumière du jour — elle est libre, n'est-ce pas ? et elle peut après tout repartir vers son rustaud ! — qui sont les mouvements du cœur — on devrait dire de la chair et de l'esprit — de Zerline qui hésite et qui lutte (si mal !) contre elle-même.

D'abord une pièce nue, qu'orne seulement une tapisserie : il ne faut pas tout lui révéler tout de suite ! Un chien à terre, énorme, couché mais menaçant, est pourtant là, qui veille. Puis le lit qu'on aperçoit, pour aussitôt le quitter : c'est le premier : *« Ah !*

non vorrei » « Je ne voudrais pas »... Quoi ?... Etre trompée. Alors qu'elle se rassure : la campagne est toujours autour, à laquelle elle appartient et que chaque enfilade de fenêtres et de paysages lui révèle.

Cependant lorsque Zerline a enfin décidé : *« Andiam...* » « Allons-y ! », on se retrouve désormais au plus profond de la maison, la pièce chinoise, les laques noires, le feu qui brûle, le lacet que l'on dénoue : dernier *« Andiam »,* c'est le lit et Don Juan courbé sur Zerline et qui lui baise les seins.

Conquête du séducteur, que tout cela ? Bien sûr, mais tout n'est pas si simple pour Losey. Zerline, d'abord. Qui est-elle, cette pucelle pas effarouchée dont certains exégètes nous affirment sans rire qu'elle traverse l'opéra de bout én bout parfaitement intacte ? Il est vrai que pour leur donner raison, à ces aveugles, on nous en a montré, et sur toutes les scènes du monde, de ces paysannes rougissantes, Fanchettes et Fanchons aux foulards solidement noués... Alors que la Zerline que Berganza chante et que Losey filme est une sacrée bonne femme ! Oh ! elle sait ce que veut son Don Juan de maître et n'a pas besoin de se creuser la tête pour deviner ce qu'il cherche sous son corsage, mais elle sait aussi ce qu'elle veut, elle, la rouée. Et, pour reprendre le mot même de Leporello parlant de son maître à Elvire, Don Juan ne sera ni le premier ni le dernier ! Elle épouse Masetto pour faire une fin — et elle *doit* l'épouser : dans nos campagnes, il n'est pas bon, n'est-ce pas, qu'une fille reste fille ; elle l'épousera donc, au bout du compte, elle le sait aussi — mais d'ici là, qu'un grand seigneur lui fasse la cour : quelle aubaine ! Si elle hésite, c'est pour la forme, et Don Juan n'est pas dupe. Tout le « métier » de cette Zerline-là — car elle en a, du métier, la bonne dame ! — sera de ménager la chèvre et le chou, de tout permettre au seigneur tout en accordant beaucoup au rustaud qu'il ne faudra jamais totalement irriter.

Tout n'est cependant pas encore si simple... Car cette comédie que se jouent l'un et l'autre Don Juan et Zerline, elle est publique. Utilisant là toutes les perspectives qu'offre la disposition des pièces de la villa dont on a retiré les portes et les fenêtres pour accentuer à la fois le dessin architectural de Palladio et la provocation, l'insolence de toute la scène, Losey nous montre partout les paysans qui regardent. Il mêle ainsi étroitement l'ordre naturel, l'ordre social et l'ordre métaphysique. Les paysans sont témoins. Ils ont peut-être abandonné Masetto dans sa cour de ferme et à ses invectives, mais l'honneur de leur classe, ils le défendent à leur manière. Seul, désormais, avec Zerline, ainsi qu'il le lui promet, Don Juan ? Allons donc ! Don Juan, protagoniste solitaire, ne saurait être seul. Jusqu'à son souper final qui sera entouré de témoins. Dès lors, sur les marches du perron où le seigneur feint de ramener Zerline pour mieux la faire revenir ensuite à l'intérieur, presque dans l'embrasure de la fenêtre qui ouvre sur le lit, les paysans sont là. Silencieux. Le visage fermé. Ils sont partout à la fois, vengeurs punitifs, intervenant dans l'action par les mêmes perspectives architecturales qui seront celles des entrées du Commandeur à la conclusion de l'œuvre. Dangereux, donc : à la fin du premier acte, ils monteront à l'assaut de la villa. Pour le moment, ils surveillent.

Au fond, tout, dans ce *Don Juan*, n'est qu'affaire de regards... Elvire va revenir en scène, casser tout ce que Don Juan a artificieusement brodé d'artifices autour de Zerline, et c'est le même regard (aussi froid que celui du libertin) qui se posera sur eux, les nobles, qui se disputent et s'arrachent la (petite ?) paysanne comme si elle leur appartenait. Et ce n'est pas par hasard si ces regards de glace des paysans silencieux mais témoins assistent à l'un des plus beaux duos d'amour écrits pour l'opéra. Car le sublime « *La ci darem* », le transportant « *Andiam* » que Don Juan murmure à Zerline comme si c'était la plus suave mélodie jamais venue du fond du cœur, c'est en même temps le triomphe de l'artifice. Flûtes, hautbois, bassons et cors jouent avec les cordes pour mieux tromper avec une délicatesse qui touche à l'ingénuité et que la naïve tonalité de *la* majeur ne fait que rendre plus tendre, plus persuasive, plus entraînante — en un mot plus « ravissante » puisqu'il s'agit de *ravir* un cœur sur l'innocence duquel on joue.

Mais où Losey se montre à son tour un maître, c'est que pas un instant il ne nous laisse croire que Don Juan ou Zerline sont dupes. Et c'est là aussi que Ruggero Raimondi se révèle une fois de plus un acteur hors pair : à l'opposé de la frémissante sensualité d'un Mariano Stabile dont les mots, dans le vieil enregistrement de la Haydn Society, effleuraient, comme une caresse, ou de la vigoureuse interprétation d'un Enzio Pinza qui jouait flamberge au vent jusqu'aux moments les plus intérieurs du rôle, Raimondi nous offre ici le portrait d'un héros issu au fond en droite ligne de la forte tête de Molière : son chant d'amour est un blasphème. Et il est d'autant plus doux qu'il est plus sciemment réfléchi. Toute la

promenade à laquelle Losey nous invite dans la Rotonda à la suite de ce couple, finalement parfaitement cynique, est un acte blasphématoire. Blasphème d'autant plus provocant qu'une gigantesque croix janséniste va un moment, et pour la première fois — premier signe — nous montrer la présence (et le regard) de Dieu. Mais c'est aussi une insulte à l'amour vrai sous le regard du peuple *qui ne pense rien*.

Elvire, qui vient interrompre ce jeu, pense, elle, et pense pour tous les autres. On a souvent regardé l'extraordinaire entrée lyrique qu'elle fait avec le très classique, très haendelien « *Ah, fuggi il traditor* » comme le premier moment de violence des antagonistes de Don Juan face au libertin. Violence, soit : dans son introduction brutale à la suite d'un court récitatif, sa concision, son ornementation presque stéréotypée dans sa froide rigueur, l'air montre qu'Elvire est bien revenue de la larme que lui a tirée dans l'air du Catalogue l'image de la jouvencelle penchée sur l'eau d'une source. Désormais, elle agit. Et elle barre une première fois le passage à Don Juan : qu'il laisse Zerline tranquille. Qui a dit qu'elle devenait ici la mère abbesse qui défend ses ouailles ?

La réalité de Mozart et l'interprétation de Kiri Te Kanawa et Joseph Losey sont bien loin pourtant de cette version un peu simpliste. Qu'on s'attarde d'abord sur la beauté totale d'Elvire en ce moment précis : robe bleue, superbe perruque impossible, son visage rayonne d'une sorte de joie qu'on dirait presque féroce. Oui, elle barre la route à Don Juan, mais pas pour sauver Zerline, grands dieux ! non ! Pour se le garder à elle, pour elle, chez elle, son Don Juan. Car la seule façon dont elle va et vient dans cette maison qui est pourtant celle de Don Juan, son aisance, montrent bien qu'elle est bien là aussi chez elle. Et face à elle, les efforts que déploie Don Juan pour s'expliquer paraissent soudain dérisoires. Ah ! oui, si

Don Juan, d'un bout à l'autre du film-opéra, a un maître, c'est bien d'Elvire qu'il s'agit. Ce sourire ironique qui flotte sur les lèvres de l'épouse pourtant outragée lorsqu'elle écoute Don Juan tenter de se justifier : elle a repris la situation en main. Face à une très jeune fille nue au bord d'une fontaine et qui offrait ses chairs potelées aux regards du voyeur, elle ne pouvait rien ; mais c'est si facile d'arracher à un séducteur soudain d'opérette — eh oui ! — une paysanne rouée qui jouait à se laisser surprendre !

Capitale, l'aria d'Elvire l'est donc car, à partir de ce moment précis, Don Juan n'aura plus qu'une idée : l'humilier à son tour plus durement encore qu'il ne vient de l'être par elle. D'où la scène du travestissement dans le deuxième acte, surenchère dans le jeu de cette humiliation voulue et calculée du mari et de la femme, où chacun en rajoute sur ce que l'autre a fait. Si bien que, face à une telle absolue noblesse, Zerline, d'un coup, ne peut que dévoiler toutes ses batteries : se trahir absolument et jeter au « séducteur » — brusquement, les guillemets nous paraissent nécessaires — dont on l'arrache des regards désolés et langoureux. Et Don Juan, pour la première fois touché, tournera les talons. « Tout va de travers. » Elvire achèvera seule les superbes ornementations laconiques et coloratures de son air, mais elle a marqué un point.

Le second point, elle va le marquer vite. Il y a entre les scènes 10, 11 et 12 de l'opéra un raccourci difficile à montrer au théâtre, puisque le chant d'Elvire, la rencontre de Don Juan avec Anna et Ottavio puis le retour d'Elvire se télescopent. Le parti adopté par Losey est délibérément irréel, mais d'une beauté plastique certaine, et surtout d'une diabolique intelligence car tout se joue d'un seul mouvement centré sur Elvire. On a dit que Don Juan tourne les talons et laisse Elvire seule, alors que le livret précise que c'est Elvire qui s'en va en emmenant Zerline. Prenant la situation à contre-pied, Losey gagne du temps en permettant à Elvire, qui chante toujours, de voir Don Juan s'éloigner vers la route où il retrouvera Anna et Ottavio — en réalité, le beau carrefour devant la villa Valmarama, qu'une exacte topographie place de l'autre côté de la petite route sinueuse entre deux murs, qui conduit à la Rotonda. Si bien que lorsque Losey fait monter Don Juan dans le carrosse du couple qui lui demande — ô ironie ! — son assistance pour venger la mort du Commandeur [1], Elvire, d'abord accrochée à des grilles fermées pour le voir s'éloigner, fait demi-tour. Elle revient à pas lents vers une maison qui n'est *plus celle* de Don Juan, qui pourrait être la sienne mais qui devient celle d'Anna et elle pénètre ainsi par une

1. On notera ici l'insistance avec laquelle Losey nous montre l'épée de Don Juan, qui a tué le père d'Anna, à laquelle celle-ci, l'espace d'un récitatif, croit pouvoir recourir.

porte dans la villa Caldogno, tandis que Don Juan, Ottavio et Anna sont entrés dans la même villa par la porte qui leur fait exactement face. Si bien que tous les protagonistes peuvent se retrouver en ce point précis de l'espace du film où reposait le corps gisant du Commandeur. D'un seul mouvement, Joseph Losey a ainsi joué sur la topographie palladienne pour rassembler tous les personnages du drame au cœur même d'où celui-ci a fusé : le lieu du serment. Et c'est à partir de ce lieu, précisément, que le drame va prendre la dimension qu'il aura pendant tout le reste de l'opéra. Face à Don Juan, le trio des opposants s'est formé. On reviendra sur la cohésion de ce trio — ou plutôt sur son absence de cohésion : l'important est que, plastiquement et musicalement, il existe désormais.

Elvire fait en effet face à Don Juan et le démasque aux yeux d'Anna et d'Ottavio qui le prenaient jusque-là pour un gentilhomme de leurs voisins et probablement rien de plus (rien de plus, mais voyons donc !).

Revenons sur la disposition des lieux qui est d'une importance capitale. La pièce centrale de la Caldogno est tout occupée de valets, de duègnes et de pleureuses. Deux entrées se font vis-à-vis, et Elvire monte à l'assaut face au faux trio des faux alliés. Va alors se développer le plus bel ensemble qu'on ait rencontré jusque-là dans l'œuvre, le quatuor « *Non ti fidar* », ouvert par l'avertissement lancé par Elvire à Anna. Tout ce qui se passera au long de ce long *andante* en *si* bémol majeur, d'une grande intensité dramatique — questions, réponses, certitudes que la musique confirme par la seule répétition, interrogation, des affirmations de Don Juan —, ne sera une fois encore que regards.

Ironie d'abord, et encore une fois, du regard d'Elvire, qui paraît éprouver une joie fiévreuse à « casser les coups » de Don Juan. Comme si Losey avait voulu donner à ce personnage — en qui on a si souvent seulement voulu voir une éternelle pleureuse — une sorte de véhémente lucidité en même temps qu'une certitude : jamais plus Don Juan ne sera à personne qu'à elle. Elle le sait, c'est tout. Alors, elle peut sourire : même si les larmes ne sont pas loin de ce sourire, il y a une conviction intime qui expliquera d'autant mieux son abandon dans les bras de celui qu'elle prendra pour Don Juan après la scène des travestissements. Tandis que toute l'attention des romantiques et des analystes freudiens de l'œuvre s'est, en somme, concentrée sur Anna, Losey nous réhabilite le personnage d'Elvire avec une telle maestria qu'on en reste pantois. Ainsi, il peut y avoir tout cela, en Elvire ? Eh oui. Losey nous le prouve soudain et son apport à l'histoire de *Don Juan* ne porterait que sur ce point, qu'il serait déjà formidable.

L'accusatrice est en place, l'accusé, lui, se révèle — ce que sera Raimondi pendant tout l'opéra : d'une violence grandissante, exacerbée, inouïe. D'abord, lui aussi jette des regards ; à droite, du côté d'Elvire : qu'elle n'en dise pas trop ; à gauche, du côté du couple Anna-Ottavio : qu'ils n'en comprennent pas plus ! Et lorsque enfin, coupant court aux cris d'Elvire (« Malheureuse »), il l'entraîne et la pousse littéralement dehors, c'est avec une dureté, une colère jusque-là à grand-peine contenue et qui éclate soudain, d'une intensité telle que *jamais plus,* désormais, Don Juan-Raimondi ne cessera d'être tel qu'il vient de se montrer : tendu à tout briser devant lui, jusqu'au moment ultime où ce sera lui-même qu'il brisera avec, peut-être, une égale volupté.

Restent les témoins : Ottavio et Anna. D'Ottavio, on ne dira rien — il ne fait rien, n'est rien, sauf dans sa solitude —, mais Anna, elle, interroge. Regards donc que ceux d'Anna, coups d'œil éperdus, d'une candeur soudain bouleversante face à la *femme* : Elvire. Elle-même n'a été *prise* qu'une fois, à la hâte, et n'en est pas femme pour cela. Alors, enfant, demoiselle qui tremble telle que nous la montre Edda Moser, Anna pose une unique question. Dans le livret, c'est Elvire seule qu'elle interroge : « *Dunque quegli ?...* » « Vous disiez donc ?... » Elle veut en savoir plus. Mais c'est à Ottavio, à Don Juan, au monde entier qu'elle s'adresse dans le même temps. Se pourrait-il que cet homme à qui elle a recours soit ce qu'on lui dit ? Et dans ce cas, ne serait-il pas...

Avant même le cri de Don Juan — sur lequel il sortira — *Amici, addio* — et par lequel Anna le reconnaîtra « pour de bon », car cet *addio* est le cri même qu'il lui a lancé en la quittant au cours de la première nuit, elle a déjà deviné. C'est toute la contradiction du personnage d'Anna qui éclate là. Dès le viol et le meurtre, Anna a compris, mais elle refuse de l'admettre. Désormais, elle ne peut plus ne pas vouloir savoir. Si bien que ce regard désarmé, au milieu des autres, des valets qu'on a dits, des duègnes, des pleureuses, des attributs du deuil qui baignent encore la villa Caldogno, c'est déjà la reconnaissance. Elle reconnaît. Elle est reconnaissante... Ferveur, dès lors, du regard clair d'Anna qui cherche. Le quatuor s'achève dans une immense douceur avec de longues lignes ascendantes et descendantes, une forme de sérénité, mais chacun sait dorénavant à

quoi s'en tenir sur tous les autres. On l'a dit : à partir de la dernière mesure du quatuor, le drame a pris le cours qu'il ne quittera plus. Et le malheureux rire de Don Juan (le récitatif « Pauvre infortunée ») n'y changera plus rien. De même que les quelques mesures très graves et l'accord prolongé qui précèdent le cri d'Anna : « *Don Ottavio... son morta !* » ne sont que le trait dont Mozart souligne — superbement, mais c'est quand même une manière de pléonasme — tout ce qu'il a lui-même dit au long de l'ensemble à quatre voix qui a précédé.

Le grand récitatif d'Anna à Ottavio après le départ de Don Juan, c'est son moment de vérité. L'aveu qui déchire et dans lequel elle se complaît. Noire devant les statues voilées de noir, Anna devient soudain folle rien qu'à se souvenir — et à évoquer ce qui s'est passé au cours de *La Nuit*. Et devant l'innocent Ottavio qui ne comprend pas, qui ne saurait comprendre car il n'est pas de ceux qui entrent dans les chambres des femmes, la nuit, sans y être invités, Anna fait le récit du viol. Illuminée. Véhémente : au bord, sans cesse, du plaisir. Brusquement, là, Losey rétablit l'équilibre rompu au bénéfice d'Elvire. Jusqu'ici, Elvire menait le jeu — car c'est elle, dans toute cette première partie, qui *conduit* Don Juan d'échec en échec : la figure d'Anna émerge désormais de sa gangue d'incertitudes. Tout autant qu'Elvire, elle devient l'amoureuse éperdue. Et c'est ainsi une sorte de seconde surenchère, dans l'amour impossible celle-là, qui va désormais se jouer entre les deux femmes. A qui en fera plus, à qui insultera le plus, elle n'en aime que plus encore.

Jamais davantage que dans ce monologue haletant dont la tonalité d'*ut* mineur rend à la perfection la totale confusion d'esprit qui domine celle qui le débite à un témoin de trop bon genre, jamais peut-être Mozart n'a donné d'exemple de la richesse que pouvait receler un simple récitatif accompagné.

L'aria qui suit, avec ce magistral changement de mode qui bouleverse l'économie de la scène — on passe de mineur en majeur, d'*ut* en *ré* —, donne la mesure de la démesure. « *Or sai chi l'onore...* » « Tu sais maintenant qui a ravi mon honneur ! » Anna, folle, va demander au sage Ottavio de tuer le terrible Don Juan. Elle va hurler l'impossible aux quatre murs de cette chambre mortuaire — n'a-t-elle pas été aussi celle des noces, humiliantes mais inoubliables, qui l'ont à jamais marquée du fer du désir ? — de la villa Caldogno dont, pas un instant, les personnages qui en hantent les fresques voluptueuses ne lui laisseront la moindre parcelle de solitude. Oh ! ce n'est pas à Ottavio qu'elle s'adresse, dans l'air le plus violent de la partition, mais à tous les témoins muets de son déshonneur. *On* l'a violée, *on* l'a prise comme une fille et abandonnée comme une putain : qu'*on* en meure ! Et même si c'est l'impossible qu'elle demande, elle le crie. Mais le geste d'amour, c'est celui de la mort (la petite mort) ; mais le spasme du plaisir, c'est celui de l'agonie. Et Anna qui crie aux quatre murs, qui les rase, ces murs, qui se heurte aux visages des fresques qu'elle caresse; Anna qui se fait mante religieuse, dévoreuse, araignée noire et d'un gris bleuté, amoureuse, surtout, terrible; Anna dont le visage s'immobilise enfin dans le cadre d'un miroir voilé de noir — plus belle image dans toute l'œuvre ? — est délirante d'amour.

Bien sûr, nous ne faisons que tirer à nous une interprétation que Losey a lui-même déjà faite pleinement sienne, mais le film nous la montre avec une si superbe évidence que ne pas s'y attarder serait, face au film — face à Mozart, ici —, un contresens. Jamais Anna ne pourra crier son amour à Don Juan : ce n'est qu'en suppliant un autre, un neutre (un pleutre ?), de lui donner la mort qu'elle peut atteindre à lui.

Cependant que l'un des personnages qui dansent aux fresques du mur son ballet ambigu, joue doucement du luth...

Et la scène s'achève face au portrait, lui aussi voilé de noir, du Commandeur devant lequel Anna lance

les derniers appels de son aria de mort et d'amour, renforçant ainsi davantage encore l'interprétation psychanalytique qui veut qu'à travers Don Juan, ce soit l'image du père que la fille outragée recherche. D'un mouvement qui est toute tendresse alors même qu'elle hurle de colère et qu'elle délire d'*un giusto furor*, elle retire les voiles — dénude — le portrait du père, et le regard implorant qu'elle jettera ensuite à Ottavio ne sera que la conclusion logique de cet ultime geste d'amour : elle sait qu'Ottavio ne peut rien pour elle, c'est cela qu'elle lui dit.

Ottavio... Triste et pâle Ottavio... : neutre, pleutre, sage et pieux. Nous ne lui avons pas ménagé les épithètes humiliantes, et d'autres l'ont fait avant nous, de M. de Sainte-Foix à Pierre Jean Jouve, les biographes quasi officiels et les poètes visionnaires : cela paraît une entreprise bien désespérée que vouloir en faire un autre Don Juan, un pieux, un pion. Il n'est que peu de chose. Il n'existe, Ottavio, *que dans sa solitude* [1]. Pour beaucoup, ses deux airs — celui qui vient maintenant : « *Dalla sua pace* », que Mozart a rajouté pour les représentations de Vienne, et celui du second acte, « *Il mio tesoro* » — sont des tunnels dramatiques. Il ne s'y passe rien et ils rompent le cours de l'action. Pis encore : venant après l'intense aria d'Anna, la plainte d'Ottavio nous ferait, dit-on, tomber de haut.

Et pourtant, élégiaque à souhait, soutenu de bout

1. Losey comme Salieri ont certainement tenté de réhabiliter le personnage de Don Ottavio que nous avons nous-même peut-être trop tendance à sous-estimer. Francis Salieri a noté à ce propos : « Je crois que Don Ottavio appartient à la frange aveugle des sociétés qui s'écroulent ; aveugle ou qui le veut être par crainte des dangers que la nouveauté fait courir aux consciences silencieuses. Il appartient à la même société que Don Giovanni mais, où celui-ci joue un rôle de destruction allègre qui va dans le fameux sens de l'histoire, l'homme d'appareil (il est duc et sera gouverneur dès que marié), passif, énervé, soucieux de l'ordre public, n'ose même pas une protestation qui troublerait cet ordre et provoquerait des réactions insaisissables. Il appartient à l'élite distinguée qui prétend réformer dans le respect des opinions admises et des idées reçues. Il sera guillotiné pour crime d'impuissance et de délicatesse. Mais on connaît la hauteur élégante qui consiste à attendre les coups du destin et la

en bout par des cordes insistantes et murmurantes : « *Dalla sua pace* » est intrinsèquement un superbe air de ténor : il se trouve seulement que le ténor qui le chante n'inspire guère de sympathie et ne vit, en somme, que par ses airs. Encore faut-il les mettre en place, ces airs, et à peu près tous les metteurs en scène s'y cassent les reins. Alors que Losey...

Qu'on imagine les flamboyantes envolées d'Anna brusquement retombées : après le bruit et la fureur, le silence quand soudain, d'un coup, sans rien qui nous la fasse attendre, pas même six mesures en prélude, s'élève de très loin dans cette brume opalescente qui vient rôder sur la lagune, une sorte de mélodie-barcarolle qui pourrait être le chant d'un gondolier amoureux : ce n'est rien, que le chant d'amour d'Ottavio parfaitement, irrémédiablement seul. Surgissant de nulle part sur la lagune noyée de brume, une barque apparaît, que dirige un unique gondolier au visage fermé de masque du destin. Enigmatique. Et ce n'est que très tard, comme l'*andante* devient plus soutenu sur les soupirs qui sont ceux de l'amant, qu'Ottavio lui-même se détache enfin, debout à la proue du bateau. Devant nous, spectateur, comme au théâtre, la barque alors, lentement, passe, et se reflète entièrement dans l'eau : moment de plénitude, le bonheur qu'on entrevoit, Ottavio pourrait-il y atteindre ? — il est déjà trop tard. L'amant qui ne sera jamais comblé a repris son aria d'une voix plus fragile encore, et de très loin déjà. La barque, de

mort qu'ils promettent sans se débattre de façon vulgaire ni esquisser un geste de défense impudique.

« Il est un dandy en face de Donna Anna, héroïne romantique, dont le gênent affreusement les fureurs et les cris. Le spleen dont il déroule les écharpes délicates est tellement plus convenable.

« Tout se réglera avec bienséance. Dix fois il pourra tuer Don Juan. Il préférera laisser le ciel s'en charger. On est en un temps où le sang n'arrose plus ni les grandes fortunes ni les destins exceptionnels ; il tache seulement le satin.

« Pour lui, mieux que pour quiconque, on pourrait dire : « Vivre ? — Les domestiques feront cela pour nous. »

« Mais cela n'implique ni lâcheté, niaiserie, ni même indifférence. Seulement extinction du sang. »

nouveau, plonge dans la brume et disparaît dans les roseaux.

Un tunnel, l'air d'Ottavio ? Il ne nous a certes rien révélé de lui, mais il nous a montré l'amour qui se sait impuissant, masse cotonneuse, vaporeuse, informe, faite pour se laisser envahir par le vide et l'absence. Les derniers accents de *sol* majeur se sont tout simplement estompés dans le vide. D'ailleurs, musicalement le personnage d'Ottavio s'est révélé à nous pour ce qu'il était : la survivance, au milieu du *dramma giocoso,* du héros de l'*opera seria* auquel Mozart n'a jamais renoncé, puisqu'à la veille de sa mort, *La Clémence de Titus* viendra nous le prouver. Ottavio, dans *Don Juan,* c'est le fantôme d'un genre qui dure encore mais qui porte sur ses épaules le poids d'un passé qui l'écrase. Qui le laisse *exsangue.*

Cruel contraste, alors, brutalement, que l'élan de vie (élan de mort ?) qui pousse Don Juan, tôt le matin, dès sa toilette. Le page noir a ouvert les volets de la maison, pour que le bonheur d'un matin de fête réveille les passions de son maître. Le visage fermé, il revient à l'intérieur de la villa : pour la première fois, on découvre que, bouleversant encore les topographies du réel, on a imaginé la demeure de Don Juan au bord de l'eau... Stupéfiant raccourci qui permettra au décorateur Trauner de construire, pour les contre champs dans les roseaux, un escalier de bois qui sera la réplique exacte des nobles degrés de la villa palladienne qui ne donnerait, bien sûr, que sur les pelouses et les collines — un balcon en collines — au sud de Vicence.

Puis le page revient à Don Juan qui, pour son rapide dialogue avec Leporello — « *Don Giovannino mio ! va tutto male* » — sort du bain dans un superbe boudoir néo-classique qui est, lui, l'une des petites pièces de la villa Poiana [1]. Intimité dès lors des protagonistes entre eux à laquelle le diminutif familier « Don Giovannino » invite naturellement. Toilette, moments creux où l'on peut beaucoup se dire mais que Don Juan, comme tout ce qu'il vit désormais, traverse au bord de l'exaspération. Ah ! oui ! Tout va mal ! Et il en frémit de rage mal contenue. Le stupide Commandeur qui se fait embrocher, Elvire qui revient, Zerline qui lui échappe, Anna, enfin, qui le reconnaît : tout s'accumule autour de

1. Le texte de Palladio sur la maison qui abrite les appartements privés de Don Juan est idyllique... « A Pogliana, lieu de Vicence, on voit la maison suivante, laquelle est au chevalier Pogliana. Les chambres ont été ornées de peintures, et de très beaux stucs, par Bernardino India et Anselmo Canera, peintres, et Bartolomeo Rodolfi, sculpteur, tous de Venise. Les grandes chambres ont un carré et deux tiers de long et sont voûtées. Les carrées ont les lunettes dans les angles. Sur les cabinets, il y a des mezzanines... La basse-cour et les autres lieux pour le ménage sont d'un côté, et de l'autre est un jardin qui correspond à la basse-cour. Sur le derrière, on a un verger si bien que ce gentilhomme, qui est magnifique et de grand cœur, n'a rien négligé ni épargné dans les choses qu'il a cru devoir apporter à l'ornement et la commodité à cette maison, afin de la rendre belle et accomplie autant qu'il lui a été possible. »

lui pour qu'il ait mille raisons de le maudire, ce sort qui a soudain cessé de lui sourire. Alors, on l'habille, on le coiffe dans le salon blanc de lumière crue aux motifs grecs ou égyptiens de la villa Poiana, et il invective Leporello : jusqu'à ses bravos de la fin du récitatif qui sont des mouvements de fureur.

Si bien que, lorsque enfin prêt, superbement habillé en gentilhomme fermier de son temps, tout de toile de soie claire vêtu, cette fois, avec son grand chapeau de paille dorée, son chien monumental blanc et noir, son col blanc large ouvert, il considère au-dessous de lui — tellement *au-dessous* de lui — la fête qui se prépare et qu'il a lui-même organisée, son fameux air du Champagne *(Fin ch'han dal vino)* est encore un cri de rage. Ah ! oui, mes jolis, je vous aurai !

Attention ! Voilà le seul véritable air de Don Juan. D'une rapidité stupéfiante, d'une longueur de texte pourtant ahurissante, tout ce qu'il fait, Don Juan le fait au galop, et ce seul air, il le chante d'un seul élan, disant enfin totalement, absolument, ce qu'il est. Ottavio met (presque) dix minutes pour chanter quatre vers, il en faut trois à Don Juan pour vous en jeter, lui, vingt-deux au visage. Peut-être qu'il s'adresse (littéralement) à Leporello : qu'importe ? C'est lui-même qu'il expose, comme s'il n'en pouvait plus d'avoir attendu si longtemps. Et ce *presto* effréné en *si* bémol majeur, c'est l'explosion : toute sa frénésie, toute son énergie sexuelle, toute sa sensualité débridée et — ici — toute sa rage. La violence est désormais absolue et lorsque, contemplant les paysannes qui se préparent innocemment à la danse, il les avertit : « Demain matin, mon catalogue devra en compter une dizaine de plus », on ne fait pas assez attention au texte. Ce qu'il dit, c'est bien ce qu'il projette, mais non pour le plaisir de rêver ni pour celui de seulement posséder : par bravade, par vengeance (à l'endroit d'Elvire, de Zerline, de toutes) et par blasphème, déjà, par défi. Dix en une minute : qui dit mieux ?

Superbe figure blanche, plus dangereuse que jamais, Don Juan, avant que ce premier finale éclate, a lancé son dernier défi aux femmes. Le défi qui suivra, l'ultime, c'est à lui-même qu'il l'adressera. Mais cette hâte à aller de l'avant — cette rage, donc — n'est-ce pas déjà le pressentiment que la mort est proche et qu'il faut vivre, vivre, vivre et posséder encore ?

Le peu qu'il nous reste à prendre, possédons-le éperdument...

Le retour à Zerline et aux paysans qu'il a vus de si haut, c'est la soupape de décompression qui s'ouvre. Tendue à l'extrême, cette courte scène — dialogue avec Leporello et air du Champagne — nous a laissés pantelants : Zerline et son presque déjà cocu de fiancé vont nous permettre de reprendre souffle.

D'ailleurs, le décor, une fois de plus – comme tout ce qui touche à Zerline-la-bonne-fille – nous y invite. Parce qu'elle est si bonne fille, la rouée ! On a dit : ménager la chèvre et le chou. Sa fugue avec Don Juan avortée, il faut qu'elle le ramène à lui, son Masetto. Alors, Losey nous transporte de nouveau dans un univers trop rustique pour être vrai. Dans les lumineux celliers de la villa Poiana, on s'active pour la fête. Ce sont les cuisines : des pièces de viande énormes, des animaux entiers que l'on manie et qu'on déplace. Des jambons, des saucissons, des fromages et des saucisses. Des fruits, de l'ail, des chapelets d'oignons. Et puis, de longues planches de bois, des lattes, des mûrissoirs où tiédissent des poires : il faut que tout soit à l'image de ce monde idyllique qui va, l'instant d'après, basculer dans la révolte. C'est la bergerie de Trianon, l'auberge de campagne d'un des premiers films en technicolor *made in* Hollywood. Avec des figurants en costume typique qui s'agitent à l'envi, vont, viennent, découpent, graissent, farcissent, enfournent, rôtissent – et mangent. Bouffent. Bâfrent. Toute la scène Masetto-Zerline se déroulera ainsi sous le regard goguenard de témoins qui n'en pensent pas moins : va, mon bon Masetto, laisse-toi embobiner ! Tu n'en finiras pas moins cornes au front !

D'ailleurs, le Masetto de Malcolm King, il a déjà deux mèches grises...

Quant à Berganza, elle nous chante son *« Batti, batti »* – bats-moi, mon beau chéri, bats-moi bien vite – comme si la fessée magistrale qu'elle ne recevra pas, elle l'attendait vraiment. La petite histoire veut d'ailleurs que Da Ponte ait écrit son poème en souvenir d'une superbe fessée administrée à Venise par un amant impatient à une belle trop farouche. Il y laissa des plumes, le Vénitien : Teresa-Zerline, elle, n'y laisserait pas grand-chose. Elle veut seulement attendrir, et Mozart, lui, souhaite nous ramener à nous-mêmes. Après la violence et la rage (comme après l'air d'Anna qui a précédé *« Dalla sua pace »*), c'est la détente, la tendresse. Après la sensualité terrible et d'acier du séducteur aux abois qui, haletant, veut encore, encore posséder — *« Fin ch'han dal vino »* — une autre sensualité, toute grâces et alanguissements, de celle cette fois qui ne demande qu'à se laisser posséder. L'arc tendu par Raimondi se détend, le fer de son épée ploie : ce sont les seins superbes et ronds à souhait de Zerline, tous ces linges blancs de femme rose qui nous invitent à des rêves attendris : « Bats-la, ô bats-la, Masetto, ta Zerline qui ne désire que cela. » « Ce que nous sommes faibles, quand même ! » n'a plus qu'à s'écrier Masetto. Lui, au moins, reconnaît ce que Don Juan jamais n'avouera. Et l'assistance d'applaudir, valets en train de manger, cuisinières à leurs fourneaux : Zerline l'a bien entortillé, son balourd de Masetto.

Pas une seconde de la scène n'a échappé au page noir qui était là, pour voir. Sur ordre du maître, bien sûr...

Tout est désormais en place pour la fête — ce qu'il appelle une fête ! Zerline et Masetto seront les déto-

nateurs de l'explosion finale, Ottavio, Elvire, Anna, se préparent déjà dans l'ombre : seul Don Juan, tout de blanc vêtu, ne se cache de rien. Il est plus sûr de lui-même que jamais, jusque dans ses échecs. Qu'on n'oublie pas : dix noms de plus dans son catalogue à l'issue de la nuit qui va venir ! Il s'avance donc en vainqueur : que la fête commence.

Et que commence avec elle le plus ahurissant, le plus bousculé, le plus divers, le plus contrasté finale qui se puisse concevoir. A partir de maintenant, les événements vont s'enchaîner au rythme effréné d'un récit picaresque dont les scènes se bousculent jusqu'à la crise finale.

Le prétexte de la fête : c'est d'abord la conquête de Zerline. Aussi, à peine rassuré, Masetto voit-il renaître ses doutes car Zerline, comme *son* maître, *sent* l'odeur de l'homme, et se cache. Les yeux du fiancé, dès lors, se dessillent : ainsi, tout cela n'était qu'une comédie !

Mais Don Juan, qui ne voit rien, qui n'entend rien, donne ses derniers ordres dans les éclats d'une fanfare

trop noble soudain pour n'être vraiment que le prélude du bal : il y a dans les frémissements qui parcourent l'orchestre derrière les mots que lance Don Juan et que reprend avec lui le chœur de ses valets, quelque chose de l'orage qui gronde. La menace latente. Oui, c'est bien d'un bal qu'il s'agit, mais reste à savoir à qui — pour reprendre les mots de Figaro — on apprendra à danser.

A Zerline ? Elle est là, bien sûr, et Don Juan a vite fait de la dénicher. En quelques phrases, et sous l'œil même de son fiancé qui épie dans l'ombre, le séducteur se l'est de nouveau gagnée. *« Zerlinetta ma garbata... »* « Zerline, ma si douce » : elle est déjà tombée ! A quelque trois scènes du « *La ci darem* », c'est la même promesse sensuelle et, de la part de Zerline — *« Ah ! lasciatemi andar via... »* —, le même refus qui est un oui à qui sait l'entendre. Sous le regard de Masetto, répétons-le : Don Juan qui va lui aussi tomber, et de bien plus haut encore que Zerline, est encore dans l'instant au sommet de sa puissance et de sa séduction. Il suffit d'un regard et d'une phrase murmurée dans un soupir « Non, reste, reste, ma toute joie... », pour que la victime s'abandonne. Mais le sommet où se trouve Don Juan est fragile car il lui suffit d'apercevoir Masetto pour que, déjà, et une seconde fois, il capitule : avec un geste d'une violence inouïe, il jette, il lance sa fiancée au rustaud comme une balle dont il ne veut plus jouer. Que la fête commence, bon sang ! On verra plus tard.

De longues toiles blanches sont tendues autour de la villa, on imagine les marquises sous lesquelles l'on dansera, les tables garnies de victuailles ; cette fois, tout est en place.

Le soir tombe, maintenant. La scène rapide entre Zerline, Masetto et Don Juan était quand même un ultime moment de répit. Pour la dernière fois, Don Juan fourbissait ses armes. Pour la dernière fois, il tentait vraiment le jeu de la séduction — au deuxième acte, sous le balcon et la fenêtre, ça n'en

sera la comédie, la parodie ; pour la dernière fois aussi, Mozart nous a donné ici une musique sans arrière-pensée. Limpide en sa simplicité : séduction, puis dépit. Et Losey, pour la dernière fois, a joué le jeu du folklore charmant. Désormais tout change, le jeu bascule, et le long finale tout entier ne sera plus que cette redoutable alternance de frôlements tragiques et de grands coups de tonnerre — l'orage, au bout du compte — qui sont la révolte de ceux qui ne peuvent plus accepter l'ordre qu'on leur impose.

Voici en effet qu'une barque s'approche. Comme celle qui menait Ottavio vers sa solitude, elle semble née au cœur même de la lagune mais ils sont trois, cette fois, à son bord. Trois silhouettes également semblables, vêtues de noir, un tricorne noir sur la tête et, sur leurs trois visages, les mêmes masques blancs, sans bouche, aux regards fermés. Ils sont les masques. Elvire, Anna, Ottavio peut-être, mais d'abord, les masques. On dit : « le trio des Masques ». Ceux qu'anime la vengeance. Face à la danse qui se développe en *fa* majeur, la tonalité de *ré* mineur qui les annonce est terrible. Prémonitrice de la disparition finale quand, sur le même mode mineur, Don Juan sera enfin « puni ». Que le « premier » trio des Masques qui ouvre la partie tragique du finale soit ainsi d'entrée de jeu aussi sinistrement « marqué », est de la part de Mozart une preuve de plus, s'il en était besoin, de son génie dramatique. Et l'arrivée de la barque au bas du faux escalier de la Rotonda, l'irréalité totale de la scène — comment Leporello, qui leur fait signe, aurait-il pu les voir ? et surtout que font-ils, ces trois masques prêts pour le bal qui se promènent à la dérive sur la lagune ? — est la réponse de Losey à ce génie-là : il faut que tout ce qui va se passer maintenant monte de rien, du vide.

C'est Elvire qui conduit les autres mais nous savons, nous, tandis que sa voix flotte sur ce vide, que ce ne sont pas les « forfaits » de Don Juan qu'elle veut découvrir, mais Don Juan lui-même et lui seul, une fois encore. Pour tenter de le rejoindre. D'ailleurs, on l'y invite si bien... Tandis que la brume tombe sur l'eau, le bateau accoste et les couleurs, dès lors, s'estompent. On a un bleu qui pâlit doucement. La brume tombe, on l'a dit, mais la nuit avec elle. Et, d'un geste plein d'une emphase presque enfantine, le page noir va conduire à la fête les trois invités parmi lesquels Leporello — dont la confiance en son maître demeure encore inébranlable, soulignons-le — imagine déjà de nouvelles victimes.

Tandis que s'élève ce qui constitue peut-être le moment du plus haut sublime de toute la partition, ce qu'on appelle à proprement parler le trio des Masques. Au milieu de cette fête folle, en plein cours de leur marche résolue à la vengeance, les trois vengeurs s'arrêtent, regardent au fond d'eux-mêmes, et se disent... *Se* disent... La voix d'Anna, la première, monte à nous. Ah ! nous sommes soudain bien loin des élans (de désir) passionnés de l'aria *« Or sai chi l'Onore »*. A mesure qu'elle s'approche du séducteur, Anna retrouve une manière de sérénité. Oui, sa vengeance, elle l'aura. Jamais plus Don Juan ne la possédera, elle en souffrira dans sa chair, mais elle entrevoit ce que pourra être le repos. Lançant son premier appel sans accompagnement sur la tonalité de *si* bémol majeur qui sera celle de toute la scène, Anna espère quelque chose qu'elle ne saurait définir. Qui est peut-être là, au terme de la vengeance. En écho, assourdi, Ottavio lui répond et Elvire, résolument à l'écart, affirme encore une fois son amour trahi. Et sa voix, qui joue un instant seule, révèle cette solitude : absolument, sans rémission, totale.

C'est cet ensemble à la douceur ineffable — sous laquelle brûle quel feu ? — que le page noir va conduire.

Les marches, d'abord, le perron, puis la Rotonda tout entière donc, pour la première fois — entre Zerline et Don Juan on ne faisait que se chercher. On va découvrir l'architecture de l'intérieur, avec cette superbe plongée du balcon qui court très haut dans la coupole jusqu'au sol de marbre : lentement, les masques s'avancent. On les a invités à pénétrer, ils pénètrent. Autour de la villa, le paysage pâlit encore puis, brusquement, le bleu très clair vire au sombre. Avec les masques qui découvrent l'univers de Don Juan, ce sont les frôlements du crépuscule : qu'ils ressortent enfin de la maison, au plein sud, et cette fois la nuit est tout à fait tombée. Le ciel, qui balance entre le jour et la nuit, a de nouveau pâli, et la nuit, désormais, est là : à la suite d'un enfant impassible, cette traversée de la demeure de Don Juan par ceux qu'il a blessés au plus profond de leur chair, constitue ainsi une sorte de plongée radicale, sans retour, au domaine de la nuit. Une fois les masques passés dans ce murmure crépusculaire, plus jamais le jour ne se lèvera que pour une scène finale qui sera un matin de deuil.

Le bal, alors, s'organise. Selon les indications qui sont celles-là mêmes de la partition, trois petits orchestres sont « en scène ». L'un à l'intérieur de la Rotonda même ; l'autre sur la terrasse au-dessus de la cour de ferme ; le troisième en bas, dans la cour de ferme même. Et les danses qu'ils jouent vont se répondre, entraînant tour à tour chacun des protagonistes dans une manière de ballet-rencontre, face à face, échange ou soliloque — qui lui sera propre.

Le menuet qui lance le jeu nous semble tout de suite presque sinistre, lui aussi, et le changement de tonalité est un leurre : Don Juan s'active à une fête qui le mènera tout droit à sa première perte. Sa chute « sociale ». Et si Losey le fait aller plus loin qu'il n'est jusqu'ici jamais allé puisqu'il va ni plus ni moins commencer à culbuter Zerline au milieu de la fête — et d'un char de foin — sous le regard des paysans, c'est que ce geste-là est, cette fois, désespéré. Dix filles à son catalogue au matin ? Allons donc ! Il n'en aura pas une ! Et nous (lui ?) le savons bien ! Alors, il se hâte, il essaie d'en profiter aussi vite que possible. Dans les chambres de la Rotonda, après le ravissant

« Andiam », les témoins étaient bien là mais Don Juan (au moins en apparence) ne le savait pas. Cette nuit qui va durer toute une fin d'acte et encore un acte entier, cette nuit étirée en plusieurs nuits peut-être, mais qui sera la dernière, il se moque bien qu'on le voie transgresser toutes les lois. Bien mieux : il faut qu'il en soit ainsi. Et chacun peut donc l'observer à loisir. Les paysans, impuissants, fascinés ; mais les masques aussi, qui savent, eux, et qui croient, eux, pouvoir punir. Car ne nous leurrons pas : face à un Don Juan accumulant les défis, les masques ont compris qu'il y aura au bout du compte un châtiment. Alors, à l'écart des paysans, les masques sont également témoins. Il y a sur leurs visages blêmes auréolés de noir — parfaitement interchangeables encore — toute la fatalité du destin.

Un destin que Don Juan brave, brave éperdument. Alors même que Zerline, une fois de plus, lui échappe — ou qu'il la laisse partir, puisque le plaisir est dans le spectacle qu'il offre —, alors que les masques rôdent, il renchérit encore dans l'étalage cynique, surabondant, de sa volonté d'être. « Soyez les bienvenus, amusez-vous et vive la liberté ! » *« Viva la libertà ! »* Tournant le dos aux personnages du drame qui ne menacent qu'eux-mêmes, un cordon de valets (comme un cordon de policiers) fait face et maintient la foule qui, elle, ne menace rien moins qu'une société tout entière. Mais c'est Don Juan qui crie « Vive la liberté ! »

C'est, ici, le cri du libertin selon Molière qui parade sur son propre théâtre. Vive la liberté d'aimer et de mal penser, de jouir et de le dire. Vive la liberté d'être : après nous, la statue de pierre. Triomphal, le cri de Don Juan est également solennel. Il s'affirme. En quelques mesures et, de même qu'il l'a fait pour nous dans l'air du Champagne, il se présente aux masques. A vous de jouer, messeigneurs ; moi, j'ai mes règles à moi, et ma loi unique, qui est la liberté. Dans la bouche de celui qui écrase la liberté des autres, qui foudroie, qui viole et qui vole, l'appel est somptueux. Nous avons dit : tout l'acte n'est que surenchère dans le défi.

« Merci », répondent les masques avec une noblesse offusquée. *« Siam grati »* — nous vous remercions de tant de générosité. A contrecœur, ils vont jouer le jeu qu'on attend d'eux et entrer à leur tour dans la danse. Dans *les* danses puisqu'elles sont donc trois : le *menuet,* d'Anna et Ottavio ; la *contredanse* où Don Juan conduira Zerline ; et la lourde *allemande* où Leporello entraînera — couple grotesque — le malheureux Masetto.

Mais chaque danse s'organise comme un moment de spectacle. Ainsi, le menuet qu'on a dit sinistre, a des allures de plus en plus sombres. Qu'Anna accepte de danser avec Ottavio suffirait d'ailleurs à en faire un ballet du dépit. Sous le regard vide du masque froid d'Elvire, les fiancés mal assortis esquissent des gestes, remuent à peine. Le simulacre d'un rite ; nul abandon : le bal paré — formule aussi qui avait ses règles et sa grammaire auxquelles il convient qu'Anna sacrifie.

Chez Don Juan, au contraire, nouvelle flambée de violence. Après avoir (une fois de plus) jeté Zerline à Masetto, il la lui reprend, la lui arrache et l'entraîne : on sait que cette sautillante contredanse conduit tout droit aux communs où Don Juan cessera enfin de jouer. Et cette fois, ses *« Vieni, vieni »*, si habilement calqués sur les paroles enjôleuses qu'il avait entre *« La ci darem »* et *« Andiam »*, sont terribles. L'acier dangereux qui vibre en Raimondi...

Quant à l'allemande, on l'a dite grotesque, mais cela ne suffit pas : elle est tragique aussi, car Masetto ne peut pas ne pas danser. On obéit alors au valet comme au maître. Plus tard, à la Figaro, Masetto et les siens les feront peut-être valser, les Don Juan, mais pour le moment, dans les bras de fer de Leporello, c'est lui qui tourne, le *« poveretto »* !

Insoutenable, la scène, à tel point qu'Anna brusquement s'arrête. Elle n'en peut plus. Nous imaginons l'odeur d'amour qui rôde et Anna, une seule fois touchée, qui défaille. Mais Ottavio — et Elvire — le lui diront : il faut tenir encore. Quelques mesures encore, quelques secondes — et le cri de Zerline viendra tout dénouer.

Voilà. Zerline a crié. Et toutes les tensions que l'admirable enchaînement des trois danses a conduites à leur point culminant paraissent se détendre d'un coup. Une première fois. Ruée donc de tous les témoins vers le grenier à foin d'où Zerline a crié, tour de passe-passe de Don Juan qui veut faire de Leporello un coupable, et refus des témoins de le croire : un à un, les masques révèlent leur visage. Don Juan est au sommet d'un escalier branlant, les trois autres sont en bas et le séducteur épelle leurs noms. Comme les lettres de l'alphabet de son destin. Elvire, Ottavio : le nom d'Anna, il ne le prononcera même pas. Ultime offense...

Bien sûr, tout est ici action, mais la musique reprend son souffle. Les mots éclatent et fusent, des cris, presque des insultes, mais la tension est ailleurs que dans cette confusion. Voici d'ailleurs que, subitement, tout repart. C'est le canon « *Tutto, tutto già si sa* » — Nous savons tout — qui agite la foule des spectateurs, des témoins et des protagonistes comme une houle grondante, grandissante, de plus en plus dangereuse, et Don Juan fait face. Un moment, on peut penser que, semblable aux héros de n'importe quels Trois Mousquetaires de pacotille, il va bondir du haut de son escalier, l'épée à la main, et les embrocher tous. Mais le flux de colère, la rumeur, la marée monte — « Nous savons tout, tout, tout » — alors Don Juan décide. Il choisit la fuite. Lui, le libertin sans peur, lui qui ne reculera pas devant le Commandeur, s'enfuir ?

Tout simplement parce qu'on n'embroche pas un Ottavio, parce que les paysans ne sont que des faquins, et les autres simplement des femmes. Vivant — et même condamné —, le Commandeur était, au début de l'acte, un adversaire. Mais à quoi bon se colleter avec ces vengeurs démasqués et la foule des rien du tout ? C'est en toute lucidité que Don Juan décide sa fuite, ne serait-ce aussi que parce qu'au bout, il y a une autre aventure — une autre mort — diablement plus exaltante.

Et tandis que va *crescendo* le chœur des offensés et que Leporello lui-même, éberlué de tant d'audace, lui rend hommage, Don Juan affirme son courage en fendant la foule qui le laisse d'ailleurs passer sans rien tenter encore contre lui. Mais la houle est devenue tempête, l'orage a explosé et c'est le paroxysme final. Les paysans, lentement, marchent vers la villa : le peuple monte vers les châteaux. C'est la révolte qui devient révolution. On a dit que la fin du premier acte marquait la première chute de Don Juan : c'est bien sa chute *sociale*. L'ordre qu'il représente est désormais — et à jamais — remis en question. On ose s'avancer, menaçant, vers la Rotonda et il faudra un orage pour en sauver le maître. Orage prémonitoire, certes, mais également signe du ciel, car le ciel veut se réserver la vengeance. Si bien que lorsque la

Rotonda tout entière semble habitée par un feu bleu qui l'ébranle dans la nuit et que Don Juan s'y enfonce, c'est que le séducteur comme le vengeur — Don Juan et le Ciel (ou le Commandeur) — ont décidé ensemble que ce n'était pas une horde de va-nu-pieds menés par un eunuque enamouré qui allait leur voler le rendez-vous qu'ils se sont implicitement donné.

La première chute de Don Juan n'est rien à côté de son engloutissement final. Mais déjà — on ne l'oubliera plus — le séducteur est un homme qui fuit. Simplement, il fuit les hommes pour mieux affronter le Ciel.

La villa Rotonda, toutes portes battantes, demeure ouverte aux quatre vents qui se déchaînent, aux éclairs et à l'orage. Et seule se dresse devant nous l'architecture rigoureuse et ambiguë d'une maison redoutablement *close* à laquelle quatre perrons, quatre escaliers, quatre élancées de colonnes et leurs frontons conduisent soudain à *rien*. Seul un fantôme de pierre pourra en briser la parfaite impénétrabilité : c'est en vain que tout autre, pour en violer l'intimité scandaleuse, s'y meurtrirait les membres, s'y déchirerait les doigts jusqu'au sang. Palladio reste l'ultime retraite.

Acte second

DÈS les premières mesures — et les premières images — du deuxième acte, la violence de nouveau éclate. La fuite de Don Juan dans sa Rotonda fermée comme un temple somptueusement profane n'a désarmorcé aucune tension, et le séducteur pourchassé repart de plus belle. D'une seule haleine. Vers une autre femme. Comme si rien ne s'était passé ? Allons donc ! S'il repart à la conquête de n'importe quoi — une image, une silhouette aperçue dans l'embrasure d'une fenêtre — c'est précisément parce que tout ce qui a précédé *s'est passé.* Parce qu'il ne peut plus ne plus aller de l'avant. Fuir en avant. C'est en ce moment précis qu'on retrouve la plus parfaite illustration de l'interprétation romantique du mythe qui voit en Don Juan l'homme que traque son propre désir. Le prisonnier assoiffé d'une autre chose qui est toujours la même chose. Pourvu qu'elles portent jupon..., disait Leporello : c'est la terrible vérité de Don Juan. Son enfer ici-bas. On glisse doucement à Nosferatu ou à Dracula cherchant de gorge blanche en gorge blanche le sang bien rouge dans l'espoir fou du salut — l'épieu de bois en plein cœur — qui le tuera à jamais mais lui apportera le repos. Don Juan, Nosferatu : les mythes se recoupent parfois de manière hallucinante. Si bien qu'au moment même où les dangers s'amoncellent sur sa tête, Don Juan doit continuer. A-t-il vu la servante de Donna Elvire ! Eh bien, ce sera elle ! Mieux encore :

il attirera Elvire dans un traquenard, il la fera séduire par son valet déguisé en maître et, pendant que la maîtresse gémira dans les bras du valet qu'elle prendra pour lui, il possédera, lui, la cameriste.

Jeu de masques... Jeu de dupes... Beaucoup d'exégètes classiques ont voulu voir en cette série de scènes rajoutées par Da Ponte et Mozart lui-même un alourdissement de l'intrigue qui ne reprendra le cours où le finale du premier acte l'a laissée que lorsque Don Juan pénétrera dans le cimetière et se trouvera, une première fois, face à face avec la statue du Commandeur. Et d'opposer à la construction « boiteuse » de *Don Giovanni* la rigueur des enchaînements des *Noces* ou le prodigieux équilibre de *Cosi fan tutte*. Mais c'est refuser d'admettre que Don Juan est essentiellement une action dramatique, une montée vers un *crescendo* final qui est l'ultime défi de Don Juan. Qu'importent les moyens d'y parvenir. Pour que l'épouvantable confrontation de Don Juan et de la Statue revête tout son sens, il faut que le portrait du blasphémateur soit complet, et il nous en manquait la dérision : c'est cela que le stratagème diabolique — l'échange... — ourdi entre le maître et la valet nous apporte. L'ultime insulte que Don Juan lance au monde en humiliant jusqu'au tréfonds de l'âme — et de la chair, ô combien ! — celle qui le suit comme l'amour : la dérision de l'amour, le lien conjugal bafoué en ce qu'il a de plus sacré, et celui du désir en ce qu'il a de plus charnel. En offrant son épouse à son valet, Don Juan se brave lui-même.

D'où cette violence nécessaire, évidente, que Joseph Losey insuffle de son côté à toutes ces scènes : qu'elles soient insoutenables puisque l'acte du séducteur touche à l'innommable.

Les masques, d'abord : le deuxième acte commence par un fabuleux dialogue dans lequel, pour la première fois, Leporello parle presque d'égal à égal avec son maître — *« Evia buffone, evia buffone... »*, « assez, bouffon... », lance le maître. Mais c'est sur le même ton que le valet reprend que oui, c'est assez ;

cette fois, il s'en va. L'énergie de ce court *allegro assai* en *sol* majeur où les cors soulignent le choc des volontés est celle du valet qui ose tenir tête à Don Juan ; il lui faudra des écus, seulement de l'argent, pour accepter d'entrer dans le jeu qu'on lui propose. Et de prendre le masque qui lui est offert.

Alors que Da Ponte et Mozart avaient prévu que cette sorte d'introduction se déroulait devant la maison d'Elvire, Losey a transporté la scène chez Don Juan, au plus profond de ses secrets, devant une sorte d'armoire diabolique où sont enfermés des masques. Le cabinet aux visages. Nous retrouvons soudainement Hoffmann et la tradition à naître de Coppelius : au bout de baguettes d'ivoire tourné, des moulages aux traits glacés, inquiétants, qui seront tout à l'heure les instruments de la parodie de l'amour. D'un réalisme extrême (moulage du visage de Raimondi et de celui de Don Juan, vrais cils, yeux de verre, fards de lit de mort), ils sont un outil supplémentaire de cruauté et de désespoir. C'est l'un de ces masques — celui qui lui ressemble, offert par le page noir — que Don Juan force dès lors Leporello à prendre en main. Puis, lorsque le rythme exaspéré du duo s'éteint, le dialogue entre les deux complices — car ils sont maintenant complices, irrémédiablement liés par la plus terrible des intimités — se poursuit dans une chambre, sur un lit, de part et d'autre du corps nu d'une femme dont, l'espace de quelques mesures, on pourrait croire que — complices donc — ils en sont venus à se partager les faveurs. C'est sur le corps — sur les fesses ! — de la femme qu'ils se réconcilient et que couleront, pluie d'or, les quatre ducats avec lesquels Don Juan achètera l'âme de son domestique. Mais que celui-ci, l'argent pris, tente d'aller un peu plus loin et ose seulement effleurer les hanches offertes de la dame, un coup sec du maître le remet à sa place : on a simplement changé de visage, mais non d'âme, et la farce continue. Dans le désordre absolu, l'ordre est revenu ; tout est en place, dès lors, pour la monstrueuse supercherie dont on a réglé les détails comme au bordel, dans l'humidité tiède des filles...

Une voix, alors, s'élève... Puisqu'il s'agit de tromper, le ton change. Tout baigne dans la lumière d'une nuit hollywoodienne bleutée. Le long des arbustes nains d'un jardin italien qui est celui de la glorieuse villa Valmarana — où Palladio, là seulement, n'a pas travaillé —, Don Juan au masque de Leporello et Leporello au masque de Don Juan glissent. La voix monte : c'est Elvire, bien sûr, qui se croit seule et qui lance au ciel serein la première phrase, remplie d'une ineffable mélancolie, de ce qui sera l'un des plus beaux moments, tremblant, amoureux, éperdu, de toute la partition. Ce long *andantino* en *la* majeur, où les instruments à vent et les cordes soutiennent inlassablement les palpitations vraies et feintes de l'amour. *« A taci ingiusto core »* « Tais-toi, cœur volage ; ne palpite pas ainsi en moi ; c'est un impie, un traître ; la pitié serait coupable... » Penché à sa fenêtre, respirant les parfums de cette dernière nuit, le chant des grillons, les souffles tièdes venus des arbres, Elvire exhale toute sa tendresse et la sensualité qui monte encore et malgré tout en elle. Une ivresse qu'elle connaît si bien et qu'elle ne veut faire taire que pour mieux l'exprimer. Kiri Te Kanawa, cette fois, s'abandonne. C'est la comtesse des *Noces* qui accepterait le retour du comte, aux conditions qu'il voudrait. La grandeur qu'on met, dès lors, à dire oui...

Et voilà qu'une voix lui répond. Une voix et un visage : le visage et la voix de l'être aimé. *« Numi, che strano effetto... »* « Quel trouble étrange... » Elle en défaille, bleue et blanche, à sa fenêtre bleue dans la nuit bleue. Serait-il revenu ? D'abord, elle refuse d'entendre, puis son visage se trouble. On sent, on devine son soupir, et voilà qu'elle s'appuie à sa fenêtre. Comment pourrait-elle deviner, l'infortunée, l'horrible comédie qui se joue en bas, à quelques pieds d'elle ? Et comment se douter que celui dont elle entrevoit la silhouette et vers lequel, tout à l'heure, elle va si vite descendre, courir, se jeter dans ses bras, n'est que le valet, sa baguette d'ivoire et le masque de l'autre, blême et mortel, à la main ? Tandis que, tapi dans l'ombre, *l'autre* — donc — joue à chanter pour elle, mais son épée au poing. A ce moment précis, le terrible jeu des doubles trouve son point culminant dans le reflet qu'une fontaine va donner aux deux masques ! Double cette fois répété des deux doubles.

C'est peut-être l'un des moments les plus effroyables de tout l'opéra, car tout y est tendre, lancinant,

blessant de tendresse — *« Elvira, idolo mio »,* murmure le fourbe alors que nous savons, nous, quelle déchirure sera la révélation de la vérité. Don Juan atteint ici à des sommets de cruauté qui rendent la scène à la fois insupportable, mais essentielle dans l'organisation de toute l'œuvre. Il fallait qu'elle soit là, avec ses jeux de baguettes d'ivoire et d'épées d'acier, pour que Don Juan nous apparaisse dans toute l'étendue de ses défis — et ceux qui n'y voient qu'un alourdissement dans la construction du livret passent tout simplement à côté de l'essentiel.

Et plus Elvire espère, plus son chant atteint à une amplitude bouleversée, plus celui de Don Juan devient d'une fausse vibrance et celui de Leporello d'une grotesque paillardise que la sublime musique enveloppe cependant d'un même voile. Elvire en ce moment-là ? Mais c'est Mélisande à sa fenêtre qui croit vraiment à l'amour revenu, tandis que sa silhouette se découpe lentement sur les coloris doux et pâles d'une fresque néo-tiépolesque, derrière elle, dans sa chambre. Jamais elle n'a autant donné à un homme, puisque c'est la dernière chance de trouver enfin la joie. Un instant, peut-être, on peut croire que le séducteur va faiblir, mais le visage de Raimondi redevient très vite de métal glacé : Elvire ne peut plus rien pour lui.

Lorsqu'elle descend enfin dans le jardin, c'est pourtant la magie bleutée de la nuit des *Noces de Figaro,* la fin de la folle journée des dupes, dans le jardin du quatrième acte où la comtesse joue à être Suzanne et Suzanne à être la comtesse pour se moquer et du comte, et de Figaro. Mais dans les *Noces,* tous ces travestis s'achèveront sur une fête alors qu'ici, on l'a dit, ce sera la déchirure. Déchirure dont la plaisanterie « stupide » que fait Don Juan, déguisé en Leporello, qui vient effrayer le monstrueux couple des « amoureux » si bien désaccordés — car Elvire palpite toujours et Leporello tremble — laisse déjà entrevoir l'humiliation qu'elle sera pour la femme qui aime.

Et tandis que Leporello et leur victime à tous deux s'égarent dans les bosquets, Don Juan peut enfin voler vers la proie qu'il s'est choisie : une simple servante dont la poitrine nue emplit voluptueusement le cadre d'une fenêtre éclairée comme par des cierges. C'est à elle dès lors, visage inconnu, formes graciles, bouts de seins qui dansent, Fanchon qui se rhabille pour mieux se déshabiller, qu'il chante sa chanson. Cette fois, la parodie règne encore, mais sans la cruauté qui a précédé. *Allegretto*, cordes et surtout mandoline, le séducteur s'amuse une dernière fois à séduire, la « victime » s'amuse à se refuser — elle tire un moment les volets — pour mieux pouvoir ensuite se laisser prendre et c'est toute la légèreté de la célèbre sérénade *« Deh, vieni alla finestra... »* qui monte du jardin, telle une ritournelle gentille, facile, à la mesure de la proie qu'elle doit capter. D'ailleurs, derrière son masque de Leporello, Don Juan lui-même joue à être plus Leporello que nature : après tout, ce sont les Leporellos qui séduisent les Fanchons... C'est à peine s'il est besoin de feindre et la soubrette, doucement, rouvre ses volets. « Laisse-toi au moins voir, mon bel amour » : tous seins au vent, Fanchon ne demande que cela... Et plus encore !

Le génie de Mozart, celui de Losey nous ont ainsi transportés en un monde hors du temps, comme

lunaire, où les visages s'échangent avec les musiques et dans lequel, le temps de trois scènes, Elvire a pu croire que le bonheur était tout de même là. Temps suspendu, donc, magique, fait de glissements subtils : il faut désormais qu'éclate la violence avec laquelle l'acte a commencé.

Et c'est déjà l'arrivée de Masetto avec son premier troupeau de paysans vengeurs. Cette fois, la violence est dans la farce, la farce dans la force de cette violence. « Je sens que nous le trouverons bientôt », lance un Masetto plus qu'optimiste à ses hommes qui débouchent tous ensemble d'un long passage entre deux murs qui ressemblent étrangement aux « rues » du théâtre Olympique. Ainsi, par un détour au réel le plus réaliste qui soit — car tout ce qui va suivre, contrastant superbement avec les scènes d'Elvire, sera immergé dans une manière de réalisme brutal —, Losey, on le verra, nous conduit pourtant de nouveau, insidieusement, irrévocablement, sur la scène du théâtre. Et la série de quiproquos qui va suivre — faisant alterner à un train d'enfer monologues et récitatifs seulement coupés de l'air de Zerline retrouvée — aboutira à l'un des sommets absolus de la musique de tous les temps, le sextuor qui sera, lui, enfin donné dans les lieux mêmes où l'action est née : sur la scène précisément du Teatro Olimpico de Vicence.

Le premier moment de cette action qui verra le dénouement du jeu des doubles, c'est l'irruption des rustauds. Masetto les conduit, une pétoire à la main, et Losey les saisit, hésitants, debout à l'extrémité du chemin qui conduit à la villa Valmarana le long des murs couverts de lierre. J'ira-t-y, j'ira-t-y pas ?

Ils hésitent car ils ont vu une ombre, une silhouette que Masetto ne reconnaît que trop. Mais n'oublions pas que Don Juan tient à la main le masque de son valet : le jeu, dès lors, peut se poursuivre. J'y va-t-y ? On y va ! Mais avec précaution. Car si Masetto fonce mais ne semble guère rassuré, Don Juan est désormais devenu prudent lui aussi. « Tu ne me reconnais pas ? » Il se présente : « Je suis le serviteur de Don

Giovanni. » Et il ajoute : « Ce brigand ! »... Faisons cause commune ! Puisqu'il a commencé à se servir du masque — séduire — pourquoi ne pas continuer et en profiter pour frapper ? Et le pauvre Masetto de tomber dans le piège.

L'aria qui suit est l'une des plus étonnantes qui se puissent imaginer sur une scène d'opéra. Qu'est-ce, en effet, qu'une aria sinon, la plupart du temps, un monologue ? Et qu'est-ce qu'un monologue sinon, André Tubeuf nous l'a dit, l'expression d'une solitude ? Un moment où, généralement, le temps s'arrête et où le personnage rentre en lui-même. Il se dit, seul. Prend une résolution, peut-être. Son âme, son cœur, bougent, pas son corps. Or, la troisième aria de Don Juan — ce fougueux *andante con moto* en *fa* majeur dont le rythme aurait aussi bien pu être celui d'un funèbre *allegro* — déborde d'action. Seul, Don Juan ? Il est entouré de vingt paysans à qui il donne ses ordres : *« Metà di voi qui vadono... »* « Que la moitié de vous aille par là... » Il divise les troupes de Masetto pour mieux triompher de lui : mais comment le malheureux fiancé de Zerline ne reconnaît-il pas le ton du maître ? Leporello, parler ainsi ? Il faut être plus Masetto que nature pour s'y laisser prendre. C'est soudain le double triomphant du valet qui donne aux manants l'ordre de rosser le valet déguisé en maître. Car Don Juan ne recule plus devant rien : il va jusqu'à décrire son propre costume que porte Leporello pour mieux détourner vers son masque la jacquerie qui s'est levée contre lui... Et eux, les rustres, les péquenots, les culs-terreux, de le suivre aveuglément : allez par ici, allez par là, et quand vous l'aurez retrouvé, frappez, frappez, frappez !

Ici, Don Juan et Mozart se moquent de tout : des paysans, bien sûr, mais aussi de Don Juan lui-même, qui se décrit avec une horreur ironique et brutale. Et chacun d'obéir. L'un va ici, l'autre là — et Masetto, lui, reste sur place.

Ouf ! Il est, une fois de plus, arrivé à ses fins, le

séducteur embusqué qui a pourtant déjoué ses poursuivants. Avec une autorité que rien n'ébranle encore, il a triomphé de tous : pas un instant, Ruggero Raimondi n'a perdu de sa superbe et Mozart a parachevé son portrait d'une ultime touche d'ironie. Et maintenant, Masetto va apprendre ce qu'il en coûte de s'attaquer à lui. Et Losey, lui, va s'en donner à cœur joie dans cette scène presque statique, d'une diabolique beauté, devant les murs nus de la Valmarana.

Dans l'opéra, ce n'est rien qu'un récitatif *secco* de quelques répliques, mais la magie du film opère ici dans sa théâtrale splendeur. Les murs sont gris de nuit et d'herbe, le lierre les ronge. Pourtant, dans les pavés, l'herbe pousse : voilà que surgit le page noir comme si la nature, la vie, les odeurs, l'humus, reprenaient tous leurs droits entre les pierres nues du théâtre. Ah ! tu as cru te venger, Masetto ! Toujours sous l'habit de Leporello, Don Juan fait l'inventaire des armes de Masetto et, pour cela, les passe une à une au page. Un mousqueton, un pistolet... Naïf, Masetto exhibe, brandit fièrement et abandonne mousqueton, pistolet. Impassible, le page reçoit les armes des mains de son maître. Puis, lorsque tout est bien fini, lorsque Don Juan est sûr que sa victime est enfin nue et sans arme, alors il y va. Et c'est lui qui tape, et qui insulte, et qui vocifère. Et ce n'est pas le masque de Leporello qui lui permet ce débordement. Non ! Frappant et rossant, accablant de coups l'homme tombé à terre, il a toute la grandeur du grand de son temps qui met sa grandeur à insulter un manant. « Vilain ! Brigand, sale chien ! » : depuis la première mesure, ou presque, Don Juan attendait ce moment.

Recitativo secco : plus secs et plus drus que les coups de Don Juan à Masetto, on ne saurait en imaginer. Ce sont les insultes de l'homme du Sud, du *Lawless* de Losey aux chicanos qu'on peut accuser de tous les crimes simplement parce que leur peau est un peu plus sombre que la vôtre. Sur une dernière rossée, Don Juan n'a plus, dès lors, qu'à tourner les talons.

Non seulement, il est vengé, mais les complices de sa victime sont sur les traces de Leporello. Mieux : lorsqu'il recouvrera ses esprits, c'est encore Leporello que Masetto cherchera, puisqu'il croit toujours, le naïf, que c'est le valet qui vient de l'étendre à terre !

Avant le célèbre sextuor qui verra tomber tous les masques, nous aurons pourtant une ultime plage de tendresse. Un moment de calme et de temps suspendu où remue au fond des cœurs la musique la plus chaleureuse et la plus délicatement exquise de Mozart. Il s'agit de la réconciliation de Zerline et de Masetto.

Les données sont celles de tous les opéras bouffes du temps : la servante dont le maître a rossé le péquenot de mari vient consoler celui-ci. Déjà, au premier acte, le *« Batti, batti »* avait joué cette fonction comico-sentimentale d'air à réconcilier ; mais alors Masetto n'était pas à terre et Zerline paraissait encore bien décidée, si la chose lui souriait, à tomber de nouveau dans les bras du beau monsieur du château. Elle a pu, depuis, se rendre compte de l'étendue de la « vilenie » de Don Juan et, comme l'avenir de celui-ci lui paraît bien compromis, autant tenir que courir. Son Masetto est là, elle le tient, elle vous le consolera et vous le remettra sur pied que c'en sera un plaisir.

Le texte de Da Ponte suit d'ailleurs ces données, avec une légère ironie de la part de Zerline : on t'a brisé les os ? Je te l'avais bien dit ! Si tu étais un peu moins jaloux, aussi ! Puis, dans la plus pure tradition de l'opéra bouffe, Masetto se fait soigner : j'ai mal ici, touche-moi là, et là, et là... Frôlements même pas ambigus, presque paillards, mais que traverse et transcende la grâce de la musique. Là, et là encore... Chaque fois, la main de Zerline effleure donc et caresse jusqu'à ce qu'elle chante son air *« Vedrai carino »* « Tu verras, mon chéri... » Et c'est là que la musique de Mozart fait éclater d'un coup toutes les

conventions pour atteindre, dans un premier temps, — la première partie de l'air — à une ravissante tendresse qui, dans un second temps, devient tout simplement la lumière et l'état de bonheur. Le cœur de Zerline bat, la musique joue de ces battements et elle, la petite chatte repentie, prend la main de son amoureux, la pose simplement sur ce cœur qui bat — *« qui ! qui ! »* : ici, ici... — et l'émotion qu'elle ressent, c'est subitement celle dont Don Juan lui-même a su la troubler. Brusquement, Zerline se rend compte qu'elle peut aimer Masetto : là aussi, un masque est tombé. Une autre forme de rédemption par l'amour, pour reprendre un langage qui appartient à un autre...

Je ne suis pas sûr, pourtant, que Losey ait insufflé tant de transparente innocence au personnage de Zerline tel que Teresa Berganza, de retour dans les communs de la Rotonda, le joue avec Malcolm King. Je retiendrai plutôt les dernières phrases du récitatif de la luronne : « Si tu me promets d'être moins jaloux, moi je te guérirai, mon cher époux »... Si Zerline-Berganza est si tendre et si douce avec son Masetto, c'est bien qu'elle a encore une petite idée derrière la tête. Don Giovanni, c'est fini : après lui, on verra bien, mais que le mari mette en sommeil sa jalousie !

Brutalement, tout change. Après la félicité des retrouvailles-accordailles, le face à face avec la réalité. Et l'idée lumineuse de Losey aura été de la faire éclater, cette confrontation réalité-vérité, dans le lieu même du théâtre, l'Olimpico dont nous sommes partis — au début, les chandelles qu'une à une, on allume... — et dont, on l'a vu, l'itinéraire de Masetto et de Don Juan dans des longs couloirs herbus, nous a lentement rapprochés : soudainement, nous y voilà. Aux murailles de pierre des villas et des palais succèdent les cloisons de bois, de plâtre et de stuc du théâtre, mais l'architecture demeure — et pour cause —

la même. Losey a voulu à la fois jouer avec ces artificieuses perspectives que nous offre l'Olimpico, et nous rappeler que le théâtre, c'est le théâtre, que le mythe de Don Juan est né au théâtre et que nous revoilà au théâtre.

Sur la scène duquel, à travers d'obscurs cheminements de coulisses grandioses, tous les personnages — tous, sauf Don Juan — vont, peu à peu et comme au début, se retrouver. Qu'on n'oublie pas, en effet, la situation : Leporello est encore déguisé en Don Juan et Elvire croit toujours enlacer son mari. Cependant qu'Anna et Ottavio poursuivent Don Juan — Leporello en Don Juan doit donc se cacher d'eux — et que Masetto et Zerline poursuivent Don Juan et Leporello — Leporello tout court doit également se cacher d'eux. Que les six personnages se retrouvent, que quatre d'entre eux, puis cinq, s'acharnent sur Leporello, et nous sommes plongés dans une situation d'opéra bouffe par excellence.

Voici d'abord qu'arrivent donc Elvire et Leporello. Elvire, plus dupe que jamais, qui croit suivre son époux et ne s'accroche qu'à son masque. Quelques répliques fusent et Leporello, qui aperçoit Anna et Ottavio, disparaît soudain, abandonnant Elvire seule dans les rues mêmes où l'on a vu Don Juan s'esquiver.

C'est Elvire qui va, dès lors, lancer les premières phrases du sublime sextuor en *mi* bémol majeur qui verra, au rythme agité de son *andante* grave et bouffon, prémonitoire et libérateur, tous les protagonistes se retrouver. Par une augmentation progressive du nombre des personnages et une complexité croissante d'écriture où la virtuosité pure le dispute au sens aigu du drame qu'Elvire seule, apeurée, entame. *« Sola, sola, in buio loco »* : nous commençons dans la tragédie. Je suis seule dans ce lieu obscur. Elvire-Kiri tremble de deviner, mais son chant est son unique et son dernier chant d'amour. Pour la dernière fois, sa tendresse déborde, et la simplicité de la petite phrase en *mi* bémol majeur qu'elle esquisse, a quelque chose de bouleversant. Mais tout de suite, Leporello revenu

apporte en aparté sa voix à lui, forcément comique car il veut précisément fuir la tragédie. Et ce qui commence, c'est le contraste ahurissant voulu par Mozart entre le drame et la farce. Chacun va dès lors tourner comme un toton dans les rues de carton du théâtre des illusions que seuls Palladio et Scamozzi pouvaient inventer mais dont il a fallu un Losey pour redécouvrir la topographie.

Car les autres, deux par deux, sont bien là. Et, comme dans la première partie de l'ouverture, le Teatro Olimpico redevient ce carrefour agité d'une ville imaginée, la Merceria de Venise ou la piazza San Bartolomeo : on s'y croise et on s'y perd pour seulement mieux s'y retrouver. Anna et Ottavio peuvent ainsi joindre à leur tour leurs voix à cet ensemble qui se construit dans un chaos rigoureux et terrible où le marivaudage apparent des premiers mots échangés (sèche tes larmes..., la mort seule...) cache de terribles vérités : il suffira de lire le regard d'Anna qui découvre soudain qu'Elvire aime plus encore qu'elle-même. Dans ces moments qui tremblent et au-delà de la seule complicité qui va pourtant les unir contre le séducteur — car la fin du sextuor scellera désormais sans équivoque possible l'union de *tous* contre Don Juan — flamboie quand même quelque chose qui s'appelle tout simplement la jalousie. Et tandis que la situation continue à se développer, grandiose et absurde — Elvire qui cache Leporello à tous ses poursuivants ! — la musique va poursuivre cette envolée ambiguë : aux voix tour à tour isolées ou confondues d'Elvire, Anna et Ottavio qui chantent leurs espoirs et leurs craintes, se superpose celle, de plus en plus affolée, d'un Leporello pris au piège dont les mots mêmes sont ceux du plus classique — *« Piano, piano ! »* — des opéras bouffes.

C'est que les deux derniers arrivants viennent de faire leur entrée : Masetto et Zerline bien décidés à se venger au moins du valet, sinon du maître. Le piège est dès lors refermé et on arrive à ce moment d'une monstrueuse, d'une obscène et grotesque grandeur où ils sont quatre à s'acharner sur le laquais tandis qu'Elvire, avec des accents déchirants qui viennent droit de l'*opera seria,* s'interpose et supplie. Mais la rage de ceux qu'on a jusqu'ici dupés sans vergogne est telle — un père assassiné, une fiancée presque perdue, une noce saccagée — que les *« pieta »* implorants d'Elvire — d'autant plus déchirants que nous savons, nous, qui ils protègent ! — ne font qu'accroître la fureur de ceux qui croient tenir enfin leur vengeance. Les cordes ont beau s'ajouter à la voix même de l'épouse, elles ne rencontrent, comme Elvire, que l'inflexible « non » monumental de tous les autres protagonistes et de l'orchestre tout entier.

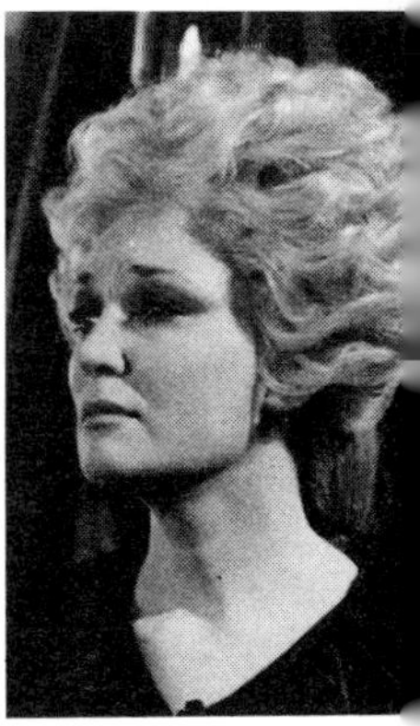

Pour donner encore plus de théâtralité — quel mot ! — à tout ce qui va se dérouler, Losey a fait enfin déboucher ses personnages sur le proscenium même du théâtre de Palladio — scène de bois, planches de bois, gradins — et cette fois devant un public. Marquis et migons, duègnes et putains, grandes dames et petits seigneurs du temps qui est celui de l'action sont réunis là pour s'amuser autour d'un prélat trop bienveillant, l'évêque de Salzbourg pour les dîners duquel Mozart répandait son génie en sérénades et cassations. Ils rient, s'amusent, et sont sur le

point d'applaudir : non seulement on a le théâtre, mais son public.

L'ensemble s'engage alors dans sa phase finale, emballée, diabolique : Leporello a jeté le masque, on l'a reconnu et tout bascule. Les cordes, les bois s'affolent mais le visage d'Elvire, lui, se déchire. Alors que tout ce qui se passe est action, Mozart nous plonge d'un coup au plus profond d'un cœur. C'est l'horreur, l'horreur absolue. A partir de maintenant, tout en elle chavire. Et elle qui a cru, qui a cru et qui a cru encore — contre vents et marées, contre la vérité même qui l'aveuglait —, brusquement, elle s'écroule. Pour elle, c'est fini. L'amour est mort. Jamais peut-être Kiri Te Kanawa ne sera plus belle qu'au moment de cette révélation. Et tandis qu'Elvire prend l'exacte mesure de ce qui vient d'arriver et que les autres s'acharnent sur Leporello enfin redevenu lui-même, brusquement l'épouse bafouée passe au second plan. Comme si Mozart avait précisément voulu montrer en cet instant que le cœur d'Anna palpitait encore pour son séducteur. Dominant le chœur dont l'ensemble polyphonique va s'amplifiant, la voix d'Anna amorce les premières vocalises qui culmineront quelques scènes plus tard dans son dernier « *Non mi dir* ». Coloratura au-dessus de la mêlée, elle se taille sa place à elle, en une manière de recueillement réfléchi : à quoi bon se battre, à quoi bon battre ce valet ! Il est d'autres vérités, il est d'autres amours tellement plus graves... C'est alors que Losey met le point final à son *retour* au théâtre. Tous les chanteurs perdent ce naturel qui était celui du film pour retrouver les gestes, les tics, les attitudes de comédiens ou, plus précisément encore, ceux-là mêmes des chanteurs qui font face au public et qui guettent les indications du chef. Si bien que l'aria de Leporello qui va prolonger le sextuor n'est plus qu'un air de commande pour donner à un rôle de bouffe un dernier moment où briller. « *Ah ! pieta...* », chante le valet : on l'écoute à peine, l'*allegro assai* en *sol* majeur glisse entre des chanteurs pétrifiés comme

Leporello lui-même, sur sa dernière note *« fuggia per qua ! »,* glisse lui-même entre leurs mains. « Je cherche à m'échapper, je me cache... » : il est déjà parti.

Restent les derniers instants de ce moment de théâtre pur : les cinq personnages en scène puis Anna qui s'éclipse à son tour — vers quel rêve ? quelle déception ?... sa musique aérienne nous a fait sentir ce bouillonnement en elle ; et Ottavio qui prodigue ses ultimes conseils à une Elvire cette fois totalement désespérée tandis que la caméra fixe progressivement, à l'extrémité de la « rue » centrale du Teatro Olimpico, la statue équestre qui préfigure celle du Commandeur.

Le théâtre entier est maintenant illuminé, il brille

de tous ses feux, mille chandelles trois par trois réunies devant chaque statue dans chaque niche de cette place — et l'on se retrouve de nouveau d'un coup dans le réel.

Respirons un peu. Cette succession d'actions télescopées et s'emboîtant les unes dans les autres nous a laissés pantelants. Avec la fuite de Leporello démasqué s'est achevé le jeu des doubles qui a traversé toute la première partie de ce deuxième acte. J'imagine brisé le visage de cire au bout de sa baguette d'ivoire. Reprenons notre souffle : il nous faut maintenant de l'air à pleins poumons. Et ce sera le tour de force de Joseph Losey que de nous le donner, cet air, dans les deux arias qui vont suivre et qui représentent, toutes deux, deux sommets de l'art du metteur en scène à nous faire vivre intensément des moments que tant ont voulu dire statiques.

Respirons...

Le jour se lève. Après le tohu-bohu de la nuit, des couples enlacés dorment dans l'herbe autour de la villa Rotonda. C'est l'air frais, opalescent du matin, celui même que traversait Elvire tout enveloppée de voiles blancs lors de sa première apparition — *odor di femmina !* — au commencement du premier acte. Chacun des protagonistes a disparu, qui en fuite, qui à la recherche de quelle paix ? et seul demeure Ottavio. Seul. On a dit comment Anna, après ses superbes vocalises au-dessus du sextuor a, elle aussi, choisi la solitude. Comme si Don Juan, en dupant Elvire, l'avait elle aussi trompée. Alors, le malheureux Ottavio, absolument seul, irrémédiablement seul, chante son amour quand même, au vide. Il erre dans la prairie déserte parsemée seulement d'amants endormis en murmurant les paroles de son *andante gracioso « Il mio tesoro »*. Là aussi, les critiques de la construction de l'opéra s'en sont donné à cœur joie : d'ailleurs, Mozart lui-même n'avait-il pas supprimé cette aria lors des représentations de Vienne ? Mais c'était pour la remplacer par un bref duo entre Zerline et Leporello encore plus hors de propos, et que toutes les mises en scène modernes ont abandonné. Non : Losey, par la place qu'il lui donne — plainte de l'homme seul qui sait que son amour jamais ne sera à lui —, rend ici à l'air toute sa signification. *« Il mio tesoro »* « Ô mon trésor unique... » n'est plus, dans *Don Juan* selon Losey, un moment creux, un vide, mais un instant d'intense désespoir que Kenneth Riegel, parcourant le désert de son amour impossible, arpentant un terrain où rien ne lui appartient, rend subitement poignant. « *Dalla sua pace* », le premier air d'Ottavio, venait du fond de la lagune ; « *Il mio tesoro* » sourd des extrémités de l'âme vide. D'où cette silhouette lointaine qui erre dans un jardin qui ne lui appartient pas...

A Ottavio seul ne répondra que la froide beauté d'un paysage où sa présence même est incongrue.

D'Ottavio, on glisse à Elvire. Elle aussi est seule. Une grille, d'ailleurs, la sépare, l'isole de tous les autres. Flammes, grisailles bleues : plus rien pour elle ne sera comme avant et elle ne peut plus ressembler à personne. Son amour bafoué de la plus horrible, de la plus humiliante manière, elle cherche ailleurs un réconfort. Les attributs de cet *ailleurs* sont là : un confessionnal, un livre de prières. Mais érigé au milieu de la salle centrale de la villa Emo, ce confessionnal aux lignes toutes en volutes insidieuses nous apparaît comme le signe d'un Dieu bien lointain, bien vague et bien décoratif [1]. De même la croix

1. Voici la description de la demeure d'Elvire selon Palladio : « A Fanzolo, dans le Triuigian, à trois milles loin de Castelfranco, on voit la maison du magnifique seigneur Leonardo Emo, bâtie selon le dessin suivant. Les caves, les greniers, les écuries et les autres lieux pour le ménage sont aux côtés du logis du maître et à chaque bout il y a un colombier, lequel, outre l'ornement, apporte encore de l'utilité à la maison ; et partout on peut aller à couvert, qui est une des plus considérables commodités qu'on doive chercher en une maison des champs, comme nous avons déjà fait remarquer ci-devant. Sur le derrière de ce bâtiment, il y a un jardin carré qui contient quatre-vingts champs à la mesure du pays, par

dans la grille du confessionnal au milieu de laquelle son visage — ses yeux, surtout, ses yeux ! — se détache un moment, n'est aussi qu'un élément extérieur du décor qu'elle s'impose. Quant au livre qu'elle tient à la main, elle ne l'ouvrira pas. Non : Elvire va vers un Dieu de convention car ce Dieu est une convention du temps, mais le feu brûle encore en elle.

D'ailleurs, la villa Emo est un cadre trop luxueux pour qu'Elvire-Kiri s'abîme en un Dieu de contemplation, au milieu de ces salons peints par un disciple de Véronèse où palpite, au contraire, toute chair. Nous imaginons plutôt qu'au cours de la superbe, de la fantastique aria qu'elle va maintenant chanter, cet *allegretto* en forme de rondo, ce « *Mi tradi* », morceau de bravoure de tant de sopranos dramatiques, elle parvient en trois moments — qui sont autant d'étapes vers une lumière plus qu'ambiguë — à une

le milieu duquel passe une petite rivière qui rend la situation belle et plaisante. Cette maison est ornée de plusieurs peintures de la main de Battista Venetiano. »

manière de révélation. D'abord, elle se plaint elle-même : ce sont les premiers appels à l'intérieur du confessionnal et dans ses alentours ; puis elle chante de nouveau sa rancœur et sa vengeance : papillon pris au piège des fresques sur les murs, elle tourne dans ce salon à y briser ses grandes ailes blanc et bleu ; enfin, parvenue à la longue galerie claire ouverte sur le jardin et que le soleil illumine de ce jaune tiède de la Vénétie, à la troisième reprise de son « *Mi tradir* », elle a deviné la vengeance qu'un autre a ourdie pour Don Juan et, transfigurée, elle s'abîme aux délices que cette seule pensée lui évoque.

Somptueux enchaînement de plans, dès lors, que le travail de Losey, remontée du plus sombre d'un confessionnal irréel, posé sur le décor abstrait d'une pièce nue, jusqu'à la lumière éblouissante du plein soleil dans une vraie villa vénétienne, qui vibre et qui vit. Nous y avons vu, en une fin d'après-midi de novembre qui ressemblait à un printemps, des tables basses, des coussins, des chaises de rotin. Et beauté du visage de cette Elvire selon Losey et Te Kanawa, si loin des ennuyeuses mégères que le doigt de Dieu a enfin touchées. Non : cette Elvire-là, blessée dans sa chair et dans son sang, nous imaginons bien que la paix qu'elle cherche est celle du moment de la revanche. Elle sait les risques que court Don Juan — *« se guardo il suo cimento »* — et son cœur en défaille, mais c'est peut-être seulement de plaisir...

Car il y va bien droit au-devant du danger, Don Juan... Le rire encore aux lèvres, la plaisanterie aussi cinglante que l'épée : il a couvert Elvire de honte et manqué faire couvrir Leporello de coups de bâton. Quoi de plus drôle ! Après l'intermède des masques, nous le reprenons où nous l'avons laissé.

Sur un quai posé nulle part — c'est l'angle de la facade de l'église du Rédempteur, à Venise, l'un des tout derniers chefs-d'œuvre de Palladio — de grandes voiles blanches et bleues claquent dans la nuit. Car la nuit est revenue, comme si la petite aube d'Ottavio et la belle fin du jour d'Elvire n'avaient été que des souvenirs du passé. La dernière nuit. Parlant de Don Juan, pour qui tout est nuit, on a ce sentiment curieux que chaque nuit sera la dernière. Mais si nous y étions enfin arrivés, cette fois, à l'ultime crépuscule ? Le pavé est bleu de nuit, l'église est bleu de nuit, ses marches sont bleu de nuit et Leporello lui-même, qui retrouve à la fois son maître et son propre visage, semble lui aussi se fondre dans la nuit. Quant à Don Juan, il rit dans la nuit.

Il rit, mais il fuit : dans sa course en avant, il a fait un dernier mauvais coup — comme s'il ne pouvait s'en empêcher, le fou frappé du désir de s'abîmer lui-même face à autre chose qu'il ignore — et maintenant, il court sur un quai, dans une ruelle, suivi d'un Leporello à qui il en raconte de si bonnes que Leporello, lui, n'a plus envie de rire. Face honteuse, servile — rappelons le mot de Jouve : terrienne — de son maître, le valet pressent l'abîme. Mais la scène dure : c'est le plus long récitatif de toute l'œuvre et, tout en parlant, tout en fuyant, Don Juan se retrouve enfin face à son destin. Pour fuir, pour se cacher, il a franchi le mur d'un cimetière. Là, au moins, on ne viendra pas le chercher. Les hommes, non ; mais Dieu, ou ce qui le représente...

Voilà : toute cette course pour en arriver là. De la basilique de la grande place de Vicence jusqu'à cette tombe baroque, construite en carton par Trauner et qui abrite la statue de l'homme qu'il a tué, lui, le Burlador. Un itinéraire fait de diversions, de chausse-trapes, de faux-semblants que les rigoureux exégètes — les fines bouches ! — trouvent chaotique mais qui est la mise en abîme d'une âme par l'*accumulation*. Et puis, au bout, le mort du début qui revient. Basta ! C'est assez ! Don Juan, cependant, ne désarme pas. Une fois encore, il brave. Qu'est-il écrit sur cette tombe ? Et Leporello, balbutiant, de lire les mots qui sont ceux de la fin : « De l'impie qui m'envoya outre-tombe, j'attends ici de me venger. » Toute cette fuite en avant pour se retrouver nez à nez avec les mots sur le mur et le bras du vengeur. Autrement plus terrible que les gourdins de Masetto ou même que l'épée de ce pauvre Ottavio !

Invite-le à souper de ma part ! lance alors Don Juan. Et commence cet ahurissant duo en *mi* majeur, *allegro* mais sous lequel couve tant de menace que tous les motifs ironiques de l'orchestre qui se moque de la frayeur de Leporello ne sauraient faire oublier cette musique venue des profondeurs mêmes de la terre. Des transparences flottantes, aux ondoiements de plus en plus redoutables et immatériels, enveloppent l'apparition de la statue. Car, tremblant de peur, et s'y reprenant à trois fois, avec toutes les clauses de style possibles — « *O statua gentilissima...* » — (et l'épée de Don Juan dans les reins !), Leporello va transmettre l'invitation sacrilège de son maître. Mais, comme un écho inversé — c'est le maître qui se fait l'écho du valet — chaque fois qu'il faiblit, la voix du blasphémateur s'élève — bleu de nuit elle aussi, bleu d'acier de son épée — pour lui intimer l'ordre de continuer. Ce duo qui est, en fin de compte, un tête-à-tête Don Juan-Leporello face à la statue de pierre, est peut-être, avec le sextuor, le moment où Mozart mélange le plus follement les genres. Mais à la différence du sextuor où les voix de la tragédie se faisaient effectivement entendre, celle-ci est ici latente, perdue dans les battements de l'orchestre qui cogne comme un cœur. Et comme nous sommes en une sorte de sépulcre souterrain, de chambre de prière où s'élève la statue de pierre, on dirait que mille autres échos n'attendent que le moment d'éclater pour déchaîner à nos oreilles l'unique réponse de la statue, ce « *si* », ce *oui,* par lequel elle pousse plus loin Don Juan dans son défi. D'ailleurs, derrière elle, une autre statue, plus véhémente, plus baroque, presque vivante, offre à Don Juan la vision qui l'attend : une tête de mort. Mais le blasphémateur, fasciné par la voix qu'il entend, n'aura d'yeux que pour cette monstrueuse apparition à laquelle il ne comprend rien mais dont il sait seulement qu'il doit la braver. Quoi qu'il advienne.

Il y a, dans ce pacte explicite que concluent l'un avec l'autre le Commandeur et celui qui l'a tué, une manière de code qui va bien au-delà de toutes les morales. La vengeance poursuivant le crime ? C'est le crime qui a lui-même fixé l'heure de son propre châtiment. L'un et l'autre sont désormais liés par un monstrueux contrat auquel aucun des deux ne saurait plus se dérober. Le Commandeur, parce qu'il a derrière lui tout le poids de ceux que Don Juan a floués — et peut-être la vengeance de Dieu ; Don Juan, car c'est la marque même de son destin que de surenchérir sur les défis, fût-ce jusqu'à la mort, puisque rien sur terre ne saurait lui apporter autre chose qu'un sourire sardonique et ce rire mauvais, amer, sans joie, qu'il a eu au début de la scène. « C'est une affaire entre le ciel et moi », dit d'ailleurs, suprêmement lucide, le héros de Molière à Sganarelle.

Si bien que lorsqu'il quitte le cimetière et la tombe du Commandeur, jouant jusqu'au bout la comédie du cynisme — Allons préparer le repas du bon vieux ! —, Don Juan peut encore se poser la question : le Commandeur viendra-t-il au rendez-vous qu'il lui a fixé ? Et même s'il connaît déjà la réponse à cette question, il peut encore s'en poser une autre et se dire : et après ? Répétant et répétant à l'infini le même morceau de phrase *« partiamo via di qua, via di qua, di qua, di qua »,* on serait d'ailleurs tenté de croire qu'il en bégaye d'émotion autant que son valet : quelque chose a quand même bougé en lui.

On a suffisamment évoqué les critiques qui ont été adressées à la construction de tout ce deuxième acte : on aura compris qu'elles sont tout bonnement absurdes, lorsqu'elles concernent le long intermède des doubles ; mais le reproche qui a pu également être fait à Mozart d'avoir, à un moment donné, purement et simplement mis des airs bout à bout, est lui aussi parfaitement vain. Il se trouve, en effet, qu'à ce moment de l'action — avant le finale qui sera précisément la *solution finale* de tout l'opéra, c'est-à-dire du « cas Don Juan » — chacun des airs qui vont suivre a une vocation précise : il résout une crise. Il dénoue la situation individuelle d'un personnage.

Lorsque le rideau est tombé sur le premier acte, tous les protagonistes se posaient chacun, au fond, une question — la sienne, et qui ne concernait que lui —, à laquelle la fuite de Don Juan n'avait, bien entendu, pas répondu. C'est dans la deuxième partie du deuxième acte, en chantant à tour de rôle — généralement leur solitude —, qu'ils parviennent à une décision, à une résolution, voire à une forme de paix, fût-elle tumultueuse et difficile, qui dénoue leur crise personnelle. Chacun des airs qui se succèdent ainsi, depuis « *Vedrai carino* » jusqu'à l'air d'Anna : « *Non mi dir* » est une sorte de catalyseur. Ne pas le voir, c'est refuser à l'aria chez Mozart sa fonction de véhicule d'émotions. Au metteur en scène de se débrouiller pour donner à cette succession de moments forts chantés individuellement sa véritable signification, et à ne pas cantonner chaque air dans une fonction purement décorative. Et cela, jouant à l'infini sur les paysages et les décors, Joseph Losey l'a admirablement réussi.

La première à se réconcilier avec elle-même a été Zerline. Lorsqu'elle chantait « *Vedrai carino* » à Masetto — elle est d'ailleurs la seule à s'adresser à autrui : Zerline est incapable de soliloquer, soulignons-le —, elle avait définitivement renoncé à Don Juan ; ou, pour être plus cynique, elle avait renoncé à jouer la carte Don Juan, qu'elle savait désormais perdante. Puis est venu l'air d'Ottavio : à mesure qu'il épelait les paroles désespérées de son « *Il mio tesoro* », il prenait les dimensions de sa solitude. Il se créait une forme d'espoir ? Il faisait plutôt l'apprentissage douloureux de sa désespérance. Quant à Elvire, à travers les trois reprises du rondo et les décorations de « *Mi tradi* », c'est à une manière de révélation qu'elle est parvenue. Pour les uns — les moralistes dont Losey, j'en suis convaincu, ne fait pas partie —, elle s'habituait à l'idée de vivre sans Don Juan et (en corollaire) à l'idée de Dieu ; pour nous qui avons vu Kiri Te Kanawa arpenter les lumineuses galeries ouvertes de la villa Emo, elle entonnait une marche suicidaire qui sera celle d'une nouvelle jouissance : voir Don Juan tomber.

Reste Anna. Anna, qui sait que Don Juan lui est interdit et s'est fabriqué un masque de déesse vengeresse qui lui va si mal. Maintenant qu'elle a définitivement compris qu'Ottavio n'est et ne sera jamais rien pour elle, c'est elle, bien plus qu'Elvire, qui s'enferme en une solitude. Et la conviction qui la remplit soudain est d'autant plus profonde que l'aria par laquelle elle y parvient, *« Non mi dir »*, est plus brillante, plus colorée, plus coloratura, de plus en plus vibrante, animée, éthérée.

Peut-être que cet air est lui aussi l'un des deux trois plus somptueusement construits de la partition, coulé

dans un moule qui porte à son plus haut degré de perfection le langage convenu de l'*opera seria* repensé par Mozart, rempli d'une gravité à laquelle aucun de ses prédécesseurs n'est jamais parvenu. Après un récitatif où la déclamation lyrique prend les accents de véritables élans du cœur — elle veut calmer Ottavio —, l'air lui-même se développe en deux parties ; l'une, un *rondo* qui s'adresse encore à Ottavio, *larghetto* émouvant car Anna n'est pas sans cœur pour celui à qui elle promet, dans un mois, dans un an — jamais ! — d'appartenir un jour ; l'autre beaucoup plus lumineux, *allegretto moderato,* où elle ne se parle plus qu'à elle-même, vocalises éclatantes qui démontrent, comme c'est si souvent le cas chez Mozart avec les morceaux *en apparence* décoratifs, qu'une manière de transfiguration s'opère. Une autre forme, encore, de rédemption par l'amour. Anna a connu une manière de sombre bonheur — l'étreinte de Don Juan ; osons dire aussi : la mort du père ; la douloureuse jouissance de la vengeance : telle Electre dansant chez Richard Strauss sa bacchanale, ivre de vengeance repue et de joie terrible —, elle atteint maintenant à une sorte de plénitude mortelle. Le monde autour d'elle ne compte plus, Ottavio bien moins encore.

C'est ce que les lents mouvements de caméra de Losey nous font sentir tout au long de cette longue aria qui, réplique, double de celle d'Elvire, s'achève pourtant sur une résolution bien différente. Nous sommes de nouveau au sein de la villa Caldogno, où Ottavio fait ses ultimes (et bien inutiles) promesses, tout en dévoilant une à une les statues du salon central que recouvraient les gazes noires. Le deuil est fini : on entre déjà dans l'ère de l'après-Don Juan. Mais alors que le « fiancé » s'affaire autour d'elle, Anna demeure seule. Absolument, résolument, inéluctablement seule dans cette robe qui vole autour d'elle comme celle du papillon de nuit Elvire, elle chante face à son faible ténor mais loin de lui : isolée, fermée. Puis, de la même manière qu'au cours de son premier air « *Or sai chi l'onore* », elle entreprend à travers le salon une sorte d'itinéraire dont les rigoureuses haltes la mènent devant les fresques et les personnages profanes qui sont, dans leur semi-nudité, les fantasmes mêmes de sa mémoire. Hommes en demi-armure, femmes aux superbes épaules nues, aux dos nus dont les teintes se fondent en un camaïeu léger, pâle, opalescent.

Deux étapes : Anna va s'arrêter d'abord devant un miroir qui renvoie son image. Le miroir jadis tendu de noir qu'on a dévoilé : son visage est nu et derrière elle, dans le cadre de la glace, il y a une autre femme qui est son double, peint celui-là par le décorateur de la villa Caldogno mais, lui, véritablement offert, tandis qu'entre elle et ce double se détache la silhouette, sans ambiguïté cette fois, d'une femme — de carton ! — qui, debout devant un homme à terre, le terrasse sans pitié. Une fausse sculpture de Trauner qui devrait annoncer à Ottavio sa fin.

Puis, tandis qu'elle s'adresse comme dans un rêve au pauvre fiancé, elle repose un moment son visage sur l'épaule de celui qu'elle quitte, seul don qui lui sera jamais fait. Mais ses yeux brûlent déjà d'une autre flamme. Et ce sont les admirables vocalises qui commencent, ces cascades sonores que la voix d'Edda Moser lance presque comme une provocation : à Ottavio qui ne peut comprendre cette joie ; aux revêches exégètes de Mozart qui lui pardonnent parfois mal ce souci décoratif par trop bel-cantiste, alors qu'il faut voir dans chaque roulade une étape de plus vers la lumière. D'ailleurs, la lumière envahit le décor lui-même.

Anna s'éloigne ainsi vers les ailes latérales de la villa et son itinéraire, calquant toujours sa courbe sur celui suivi par Elvire, devient donc plus lumineux, irradié, alors que les vocalises s'élèvent, radieuses : Anna sait désormais où elle va. Et à mesure que ce cheminement d'une femme à travers une architecture — mais aussi d'une réconciliation au sein d'un cœur torturé — approche de son terme, c'est devant

un feu qu'Anna s'immobilise, face à la cheminée. Une dernière fois son visage, ses yeux tremblent — mais c'est déjà fini. Anna a fait son choix. Marquée au fer par Don Juan, la solitude sera dorénavant son partage. La voix vibre une fois encore : jamais elle n'a mieux *chanté*. Qui a parlé de chant du cygne ? D'autres ont évoqué à propos de cet air le célèbre *« Et incarnatus est »* de la *Grand-Messe en ut mineur :* la même vibrance conduit aux mêmes sommets qui sont une grâce transfigurée par l'extase. Nous imaginons volontiers en ce moment précis le chant qui sortirait des lèvres de la sainte Thérèse du Bernin. L'angelot nu qui lui montre le salut n'est certes pas un archange de mort...

Encore une fois, la scène bascule. Sur un ultime chant à cette joie trouvée, Anna a rejoint les autres protagonistes dans une zone incertaine où le destin du seul personnage de Don Juan les relègue : le brumes de la lagune où, plus tard, le Burlador disparu, ils s'engloutiront. Eclatent alors des fanfares triomphales : c'est le finale qui commence.

Dans toute la tradition de l'opéra bouffe, le finale est un long morceau de bravoure qui se décompose en phases diverses, aux tonalités souvent opposées, alternant des rythmes et des couleurs différentes. Mais le finale de *Don Juan* est plus que cela : c'est une immense fresque construite autour d'un seul personnage qui agit de bout en bout. Alors que dans *Les Noces,* par exemple, les protagonistes se croisent, se cherchent et se retrouvent, ici Don Juan, et Don Juan seul, est en scène. Il y a Leporello, bien sûr, il y aura l'apparition fugace d'Elvire, celle — déterminante, ô combien ! — du Commandeur, mais tous ces mouvements, comme le quatrième personnage ironique que constitue l'orchestre sur scène qui joue au seigneur sa musique pour souper, ne sont là que pour achever de cerner le personnage principal. Pour nous en donner l'image finale. Dans cette mesure, l'extraordinaire scène 5 de l'acte II est beaucoup plus que l'ultime numéro d'une partition sublime coulée dans un moule que l'histoire de l'opéra bouffe et *seria* depuis le début du siècle a lentement élaboré. C'est une vision apocalyptique du monde, du plaisir et de la mort. C'est une réflexion sans cesse tendue sur la vanité absolue, mais aussi sur l'absolue nécessité du plaisir. Et nous énoncerons d'entrée de jeu avec Losey l'idée que, lorsqu'il se met à table pour son festin solitaire, Don Juan sait parfaitement que la mort est au bout. Dessert onctueux et terrible. Il sait, mais, comme il ne peut que refuser de croire, il doit encore douter. C'est ce doute qui donne toute leur saveur aux mets dont il va désormais se repaître...

Fanfares triomphales, donc. *Allegro vivace* en *ré* majeur, la tonalité « pile », brillante, enlevée de toute l'œuvre. Don Juan en a fini avec Zerline, avec Elvire, avec Anna, il a convié le Commandeur à sa table et, pour lui seul, il a fait préparer un festin. Joseph Losey en a placé la table ronde et couverte de toile blanche au cœur même de la salle centrale de la villa Rotonda. Cette localisation topographique est importante, car c'est là que conduisent tout droit les quatre perrons, les quatre rangées de colonnes, les quatre portes... Sur la table, l'appareil nécessaire d'un repas ostentatoire : invitant le Convive de pierre, Don Juan qui doute encore qu'il viendra ne peut que le traiter avec magnificence. C'est donc avec magnificence qu'il se traite lui-même. Il y a des corbeilles de fleurs jaunes, or et roses, des corbeilles de fruits, des coupes de fleurs et de fruits, des gâteaux haut montés, des pâtés dorés à point, des volailles mortes figées dans la beauté d'une nature morte. Cristaux aussi, argents, et ces extraordinaires luminaires qui sont des torses de femmes couleur de plomb que ceignent des serpents faits pour illuminer un désastre et conçus par Salieri la nuit même qui a précédé le tournage.

Mais plus encore que la table où le seigneur va festoyer, ce sont les témoins de la fête qui, soudain, nous troublent. Quoi ? A l'ultime instant de sa vie, Don Juan, ivre de femmes, se retrouve avec une cour de mignons ? Jeunes gens aux regards lourdement ambigus qui tapissent silencieusement les murs du salon circulaire. Musiciens, certes, mais aussi valets, serviteurs, et puis garçons, garçons qui ne sont là que parce que des garçons. Et c'est la révélation que bien d'autres mises en scène de Mozart nous ont déjà fait entrevoir par le biais des relations qu'on a si souvent devinées entre Leporello et son maître : quelle complicité ? Cette blessure qui pousse Don Juan à aller toujours plus loin sur la route semée de femmes qu'est sa vie, c'est le goût qu'il a, au fond de lui, d'autre chose. Les garçons, dès lors, si beaux, affalés dans le cadre grandiose de la villa Rotonda, à le regarder manger. Seul.

Mais qu'on ne se leurre pas : la situation qui nous apparaît soudain — Don Juan et les garçons — ne doit être que le tous-les-jours des soirs fatigués du Burlador. Dès lors, il n'a pour ces gamins aucun regard. Son esprit est tout entier occupé à la tragédie qui commence.

Sur cette fanfare triomphale : il défie encore, et proclame une fois de plus à Leporello qu'il se veut divertir. C'est la règle avouée, ouverte, de sa vie. Le reste est trop grave ou trop profond pour être formulé. Levant le verre qu'on lui remplit d'un vin rouge, épais, il porte en quelque sorte un toast à cette maxime. Et s'élève alors la première des trois « musique dans la musique », « opéra dans l'opéra », « théâtre dans le théâtre » qui marquent cette première partie, encore joyeuse — mais de quelle joie fébrile, funèbre ? — du finale. C'est l'extrait du *Cosa rara*, un opéra alors à la mode de Vicente Martini, que joue le petit orchestre « sur la scène ». Et pour que nul ne doute que Mozart a expressément voulu insérer dans son opéra une référence à la théâtralité universelle de l'opéra, chacun des titres des œuvres ainsi jouées en citation sera expressément précisé... Ainsi *Cosa rara*, d'abord, puis *I Litiganti*, de Giuseppe Sarti. C'est donc aux accents de ces deux emprunts, puis du *« Non piu andrai »* des *Noces de Figaro* elles-mêmes, que vont se dérouler les ultimes moments de bouffonnerie d'un finale qui représente en fin de compte la synthèse même de toute l'œuvre, confrontant les genres — bouffe et tragique — à un train d'enfer.

Bouffonnerie, dès lors : Don Juan attend son mortel convive, mais Mozart nous donne encore à rire avec ce double grotesque qu'est Leporello. Leporello qui commente l'appétit de son maître : *« Ah ! che barbaro appetito... »*, « quelles bouchées de géant... » ; Leporello qui tente de s'empiffrer à son tour et que Don Juan, comme dans la pièce de

Molière, surprend et corrige ; Leporello qui fait le singe — le sage — autour de la table de son seigneur, peut-être seulement pour calmer sa propre peur mais aussi pour nous donner, à nous, le temps de souffler avant le pire... Le pire qui, cette fois, est sûr. Plus que sûr : inéluctable. Si bien que lorsque intervient la référence à l'air de Figaro, c'est un énorme clin d'œil, d'autant plus appuyé que Mozart, Don Juan et Leporello nous le font tous ensemble : Leporello nous l'adresse la bouche pleine, courbant l'échine sous les insultes d'un Don Juan qui le châtie le sourire aux lèvres — mais un sourire qui est encore celui du maître, celui qui peut tout sur qui n'est rien. Chez Molière, d'ailleurs, on est plus cruel encore, aux marges du sadisme.

Mais à peine cet intermède est-il achevé que la tragédie, d'un coup, reprend ses droits. Fini de rire...

Voici d'abord Elvire. La tonalité majeure demeure, mais de grands frôlements de cordes annoncent le drame dont l'épouse — Kiri presque jubilatoire — est ici la Cassandre. Elle apparaît d'abord dans l'encadrement d'une sorte de fenêtre ménagée sous la corniche de la coupole. Superbe visage prémonitoire d'une voix venue d'ailleurs. Les yeux écarquillés, tous cheveux déployés autour de la tête comme une auréole, elle s'inscrit, bleu de nuit et bleu plus pâle, dans le rectangle presque carré de marbre rose. Son avertissement, c'est la dernière preuve de son amour. Qu'il change, qu'il change de vie... Dans la sombre clarté du confessionnal de la villa Emo puis le long de ses lumineuses galeries, elle a eu une vision, elle est arrivée à une certitude : Don Juan est perdu. Et même si cette fin irrévocable est devenue pour elle un sujet de jubilation, elle ne peut pas ne pas l'annoncer. Elle est porteuse d'un message.

Mais nous savons, nous, que Don Juan ne peut l'écouter. Elle descendra donc jusqu'à lui, s'accrochera à la chaise sur laquelle il est assis, le menacera, le suppliera, mais Don Juan, tout de blanc vêtu en face d'elle, ne fait que lever son verre — *« Brava ! »* —

et répéter à l'infini son toast : « Laise-moi manger et si le cœur t'en dit, mange avec moi. » Il est bien évident qu'arrivé à ce degré d'attente, à cette tension absolue avec la mort au bout, Don Juan ne peut plus entendre. Dès lors, une femme presque à ses pieds et qui implore n'est qu'une voix perdue dans l'orchestre.

Et si nous disions, nous — avec Losey ? —, que son exclamation *« Cor perfido ! »,* Elvire la pousse

avec une sorte de satisfaction diabolique ? Ainsi, Don Juan a refusé de se rendre à l'évidence, il est désormais perdu. Eperdu. Fou... Ne sont-ce pas les paroles d'un fou que ce credo qu'il entonne, presque mécaniquement, mannequin superbe, automate trop bien parfaitement réglé face à une femme déchaînée :

« Vive les femmes et vive le bon vin, soutien et gloire de l'humanité » ? Que, dans ce moment d'ultime conscience, Don Juan n'ait rien d'autre à chanter montre bien qu'il est fou ! A moins... A moins que ce ne soit la dernière manifestation de cette surenchère dans la provocation — chez Molière, dans le blasphème — qui le conduise à ressasser une formule toute faite car le moment est désormais trop grave pour chercher des mots : Leporello lui-même, son écho, ne lui sert plus à rien. Cependant le trio s'organise et se développe ainsi pour aboutir à une montée d'orchestre qui marque la sortie d'Elvire et tout de suite son cri : elle a vu la statue.

L'image que nous offre alors Losey est superbe : Elvire qui va quitter la Rotonda par la porte face à la table se trouve confrontée à l'*uomo bianco*. Lumière blanche sur la statue qui se détache dans la nuit entre les deux colonnes centrales également blanches — livides — du portique et, face à elle, le papillon, enfin terrassé par la flamme : Elvire, tous bras, toutes manches ouverts, gigantesque et large forme bleue crucifiée par la lumière trop crue, la tête renversée en arrière, qui hurle de peur. Mais le temps des Elvire est désormais passé.

Le rythme de l'orchestre, cavalcade éperdue, va en s'accélérant jusqu'à la seconde confrontation, au deuxième cri d'épouvante : celui que pousse cette fois Leporello. Le vengeur est désormais dans la place. Et une fois de plus Losey va utiliser pleinement toutes les ressources de l'architecture de Palladio. Pendant l'*andante* formidable qui marque son entrée, le Commandeur est partout. Une porte, l'autre, un portique : sa silhouette massive et haute se découpe dans chacune des « *vista* » désormais bouchées de la maison, pour parvenir enfin au centre de la pièce : il n'est pas de côté où se trouve Don Juan que celui-ci ne le voie, figure classique de César couronné de lauriers, qui s'avance, qui s'avance...

Nous entrons dans la seconde et dernière phase de ce combat qui a commencé à l'aube — le même matin — sur la place de la Basilique, à Vicence, noyée sous la pluie. Le grand souffle qui a parcouru l'orchestre a balayé à la fois les témoins et la table. Les musiciens, les mignons, la cour, ont fui. Sur la nappe superbe, les fruits tout à l'heure seront renversés, les pyramides de fleurs et les candélabres baroques ravagés. Une flamme achèvera de consumer la cire fondue au milieu des reliefs du festin et Don Juan, dans l'*andante* en *ré* mineur qui se poursuit, de plus en plus enveloppant, menaçant, et qui renoue

avec la tonalité originelle de l'ouverture, dialoguera enfin avec Dieu.

Pour la première fois, le libertin a trouvé son maître, et il en éprouve une joie intérieure — oui : joie. Le pieu enfoncé au cœur de Dracula — que traduit toute la jubilation de ce dialogue terrible, longuement développé, entre un Commandeur à la voix d'une immatérielle gravité, à la déclamation si large, si solennelle au-delà de l'avertissement perpétuel des cordes, et un Don Juan qui, jusqu'au bout, veut « sau-

ver la face » (Leporello ! mets la table pour lui !). Joie de Don Juan à donner un ordre à son valet alors même qu'il affronte le danger le plus redoutable qu'il ait jamais rencontré, alors même que les étranges gammes diatoniques s'enchaînant chromatiquement qui sont l'emblème du Commandeur viennent doubler la voix de celui-ci pour préfigurer les flammes montantes de l'enfer. Joie de Don Juan à savoir qu'il a encore *la liberté* de discuter, d'ergoter, de refuser. Joie évidente de Raimondi à jouer cette ultime carte, quand bien même il la sait suicidaire. Joie enfin de Don Juan à interroger : « Parle donc ! Que veux-tu ? » Jusqu'au bout, il faut que Don Juan croie pouvoir mener le jeu... A ses côtés, le page noir est demeuré, lui, et lui seul continue à ne pas juger.

La réponse du Commandeur va cependant arriver sur le même ton déclamatoire : sereine. Nul n'a prise sur lui. C'est la confrontation de deux puissances : la terrestre, et celle qui vient d'ailleurs. Alors, il y a comme un silence. L'orchestre reprend son souffle. Don Juan retient le sien. Puis la statue parle : « Tu m'as invité à dîner. Tu as fait ton devoir. Maintenant, réponds-moi : viendrais-tu dîner chez moi ? »

A cette question, on sait que Don Juan ne peut répondre autrement que par oui. Un oui qui l'engage si pleinement que même la remarque (comique, dans le livret) de Leporello : « Il n'en a pas le temps », est d'une profonde gravité. Au bord de l'abîme, le débauché garde toute sa grandeur. Mieux : il atteint brusquement à celle de son adversaire. L'autre l'accule d'ailleurs à cette grandeur : « Réponds-moi ! ». Don Juan, le visage maintenant décomposé par l'émotion, les yeux cernés de toute la fatigue de la vie, se rassied. Ruggero Raimondi s'est lui-même expliqué là-dessus : c'est la partie mortelle de Don Juan qui a peut-être peur du Commandeur, mais sa partie spirituelle ne tremble pas, et veut continuer. Don Juan-homme blêmit (se flétrit), mais Don Juan-mythe tient bon. Et pour mieux montrer que rien ne saurait l'altérer, il se rassied. Il a choisi.

Et c'est avec lucidité, un calme — une violence aussi — qui sont ceux-là mêmes de la statue, que Don Juan répond : « Mon cœur est calme. Je n'ai pas peur. Je viendrai. » Au fond, cet affrontement est plus que jamais la réplique du duel initial. Comme sur la place de la Basilique, ce sont deux adversaires qui se parlent d'égal à égal. Mais, comme sur la place de la Basilique, l'un d'eux sait qu'il est le plus fort. Et l'autre sait qu'il ne peut rien contre l'arme de celui qu'il provoque pourtant. Simplement, les rôles sont inversés, mais la même musique appelle les mêmes références. « Je n'ai pas peur. Je viendrai... »

Le dernier défi ? Allons donc ! La statue en demande encore davantage. En plans rapprochés, Losey nous la montre qui écrase déjà Don Juan de sa

masse. « Comme preuve, donne-moi la main. » Et Don Juan de répondre sans l'ombre d'une hésitation : le « *Eccola* » — la voici ! — qui l'engage à jamais.

Eccola ! Ça y est. Le page noir, sa plus obscure conscience, a d'ailleurs encouragé Don Juan à répondre *oui*. Son unique oui. La poigne de marbre s'est refermée sur la main du séducteur. C'est fini. Mais jusque dans cette étreinte mortelle, Don Juan — prisonnier — a encore la liberté de refuser. Quoi ? Mais

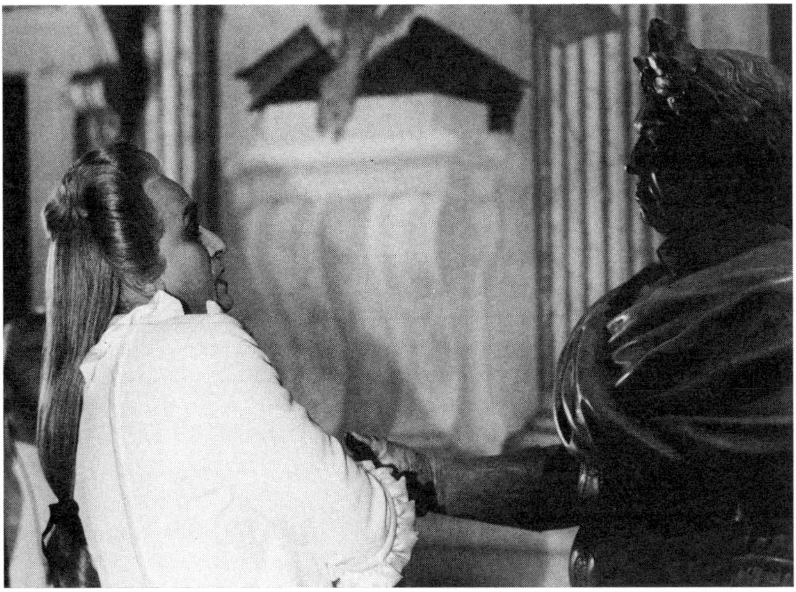

le salut, tout simplement ! Et si l'autre — Dieu ? — garde son calme (pourquoi se fâcherait-il ? Il a tout le temps et tout le pouvoir du monde !), Don Juan brusquement enrage. Il se voit perdu et doit dire non. Il enrage de dire non mais ne peut que dire non. Si bien que le dialogue qui était jusque-là largement développé paraît soudain fait de simples onomatopées. « Repens-toi » — « Non ». La volupté, l'ivresse voluptueuse du *non !* Jusqu'au bout, Don Juan dira non. Non répétés, martelés, haletés. Repens-toi ! Non. Non. Non !

Mais la statue a quand même gagné. Face à elle, l'homme se tord de douleur : elle peut lâcher sa main. Le décor alors bascule. Frappé à mort, Don Juan recule et la Rotonda s'ouvre soudain sur la fabrique de verre des premières images. Sur les flammes jaune et or que Don Juan, au milieu de ses invités — Anna et les touristes —, regardait alors, fasciné. Comme s'ils avaient su qu'on forgeait là un or maudit, maculé de sueur, destiné à payer des plaisirs tachés de sang.

Il recule, silhouette blanche dans le brasier d'or, et il crie soudain — pour la première fois et pour l'unique fois — sa terreur. L'enfer est là, dans l'orchestre et dans le brasier, avec ces voix venues des profondeurs qui l'assaillent, et ces flammes qui lèchent sa chair. Il recule, recule encore, puis fait face.

C'est le cri et la fin : Don Juan est tombé dans le vide, or, blanc, jaune et brûlant de la brûlure de mille soleils. Chute vertigineuse enfin, plus vraie que vraie qui l'engloutit tout entier, dans un accord de *ré* majeur qui clôt le drame.

Il ne reste plus — le drame donc clos — qu'à en refermer les portes. La dernière scène de l'opéra est cet ensemble — pour d'aucuns de pure convention — où tous les protagonistes chantent en un ultime sextuor leurs sentiments contradictoires. C'est la fin voulue, la morale. *Allegro assai, larghetto, presto :* trois mouvements rapidement enchaînés dont Losey va se servir pour « perdre » à jamais les protagonistes devenus inutiles dans les brumes de la lagune.

Allegro : Elvire et Ottavio reviennent d'abord vers la villa pour constater que tout est bien fini. Ils y rejoignent Anna et Leporello dans une maison dévastée. On imagine qu'après la nuit de terreur, un grand vent, à l'aube, a tout balayé. Sur le marbre du sol, à peine quelques traces de ce qui a été...

Chacun va chercher une place où se figer. Ottavio a encore tenté de ramener Anna vers la lumière, mais on la sait brisée. Sur le perron — au ras du sol, au ras des dalles, des brumes glissent — tous les personnages sont vides. Don Juan disparu, ils ne sont plus rien. Leporello s'appuie à une colonne : le même vide. Comme s'il n'y avait plus aucun objet sur lequel fixer les yeux.

Seuls Masetto et Zerline — les seuls « libérés » puisque le maître est mort — s'en vont gaiement. Mais il n'est jusqu'à cette gaieté qui n'ait quelque chose de feint. D'artificiel. Oui. Ils sont libres. Le maître des forges de verre est mort : et après ?

Non : il ne reste plus désormais à Losey — *larghetto* — qu'à dissoudre ses non-héros dans l'air éthéré de la lagune, l'eau trop pâle, la brume qui ressemble à l'air et à l'eau et qui rassemble à la fois et l'air et l'eau.

Quatre barques perdues dans le vide : à droite Elvire, seule ; au centre Masetto et Zerline, puis Anna et Ottavio ; à gauche Leporello, seul aussi, et

qui rame. Quatre barques pourtant immobiles, épinglées sur l'eau. Le chant d'Ottavio qui ouvre l'ensemble est nu, inutile. Il parle toujours à son *« tesoro »* : qui donc, à ce moment-là de l'inaction, pourrait encore l'entendre ? Les voix s'élèvent, pourtant, de très loin, éthérées elles aussi, irréelles... Ottavio promet son aide, encore, toujours. Anna lui dit : plus tard, et Elvire annonce qu'elle entre au couvent. Et puis après ? Zerline et Masetto vont, eux, rentrer chez eux : et alors ? Leporello ira à l'auberge chercher un autre patron. Et puis quoi ?

La caméra s'éloigne, s'éloigne... On imagine le superbe travelling arrière, latéral et vertical, en hélicoptère, que Losey n'a pas pu réaliser. Mais déjà les barques sont plus loin encore : à peine des silhouettes grises sur la masse vaporeuse brume-eau. La lumière est si crue, parfois, sur la lagune, qu'elle éteint tous les contours...

Et après le *presto* final, lui vraiment convenu, qui annonce que, comme Don Juan, périront tous les méchants, le page noir, lentement, referme les portes de la villa Rotonda sur les onze dernières mesures qui posent encore une question : celle à laquelle nul, jamais, ne saura répondre.

Dessin de Frantz Salieri

Imprimé en France

La composition
et l'impression de ce livre ont été effectuées
par l'Imprimerie Aubin à Ligugé
pour les Editions Albin Michel

AM

Achevé d'imprimer le 26 octobre 1979
N° d'édition, 6664 ; N° d'impression, L 11937
Dépôt légal, 4e trimestre 1979

DU MÊME AUTEUR

Gallimard

LE SAC DU PALAIS D'ÉTÉ
URBANISME (poèmes)
UNE MORT SALE
AVA
MÉMOIRES SECRETS POUR SERVIR À L'HISTOIRE DE CE SIÈCLE
RÊVER LA VIE
LA FIGURE DANS LA PIERRE
LES ENFANTS DU PARC
LES NOUVELLES AVENTURES DU CHEVALIER DE LA BARRE
CORDÉLIA OU L'ANGLETERRE

Julliard

ET GULLIVER MOURUT DE SOMMEIL
MIDI OU L'ATTENTAT

La Table Ronde

LA VIE D'ADRIAN PUTNEY, POÈTE

Mercure de France

LA MORT DE FLORIA TOSCA

Olivier Orban

CHINE, UN ITINÉRAIRE

Ramsay

CALLAS, UNE VIE

Albin Michel

ORIENT-EXPRESS